« Elle s'appelait Victoire »

Groupe Eyrolles
61, bd Saint-Germain
75240 Paris cedex 05

www.editions-eyrolles.com

Avec la collaboration de Cécile Potel

Histoires de vie

Pauline Aymard

« Elle s'appelait Victoire »

EYROLLES

À mes filles.

Remerciements

Mes sincères remerciements à Marlène Sebbag, Vanessa Saab et Michel L pour leur aide précieuse qui m'a permis d'avancer dans ce projet et aujourd'hui de vous livrer ce témoignage.

Préface
de Laetitia Schul

« *La mort d'un tout-petit n'est pas une petite mort* »

Docteur Maryse Dumoulin[1]

Il n'y a pas de mots pour décrire la souffrance engendrée par la mort de son bébé. Et pourtant Pauline, maman de Victoire, décédée après sept jours de vie, les a trouvés, se lançant dans un véritable travail d'élaboration pour nous livrer son histoire. Les mots de Pauline rejoignent si justement la douleur indicible des parents amenés à vivre le deuil de leur tout-petit qu'ils nous propulsent au cœur de sa souffrance. La souffrance d'une femme submergée par cet amour maternel qu'elle vit pour la première fois.

Je suis entrée dans le récit de Pauline comme on pénètre dans un lieu sacré. À la fois dans un mouvement de recueillement, et en même temps émerveillée par la justesse de cet univers qu'elle nous fait visiter au fil des pages. J'ai pu percevoir et éprouver

---

1. Hôpital Jeanne de Flandre, C.H.R.U. de Lille, France. Association « Nos Tout-Petits ». Site : *nostoutpetits.org*

toute la sincérité des émotions exprimées. J'ai été très humblement touchée par la beauté de son récit intime, bouleversant. Au travers de ce précieux témoignage, j'ai retrouvé les différents aspects du deuil périnatal qui révèlent à quel point il s'agit d'une épreuve singulière.

En règle générale, l'attente et la venue d'un enfant inaugure une nouvelle ère dans la vie du couple : la parentalité, avec tous ses rêves et ses espoirs. Avant même de voir le jour, cette petite vie se voit généralement investie de beaucoup d'amour et de projets. Alors que les futurs parents sont en droit d'espérer que leur bébé vienne au monde sans souci et que ce dernier soit accueilli par la vie à bras ouverts, il arrive parfois que le destin les fasse basculer en enfer. Qu'il s'agisse d'une mort fœtale *in utero*, d'une interruption médicale de grossesse ou d'une mort survenant lors des premiers jours de vie, là où un avenir radieux devait se déployer sous leurs pieds, c'est une violente déchirure et un long chemin de deuil qui se dessine.

Les équipes hospitalières sont de plus en plus conscientes de l'impact qu'une mort périnatale peut avoir sur l'ensemble d'une famille (parents, fratrie, grands-parents) et par conséquent de l'importance d'un accompagnement de qualité, en termes de transmission des informations, de temps, de coordination et de cohérence au sein des équipes… mais surtout d'humanité ! Les parents nous rapportent avec une précision terrible les paroles énoncées, les gestes et les regards qui les ont entourés à ce moment précis où s'amorce le travail de la perte.

Du côté des parents, à l'annonce de la mort du fœtus ou du bébé, le temps s'arrête brutalement. Le psychisme humain doit faire face à un véritable choc, portant en lui un haut potentiel traumatique. L'horreur et l'effroi prennent d'assaut les esprits. « *Et pourtant, je reste de marbre, nageant dans un vrai cauchemar.* » écrit Pauline. Comme Marie-Josée Soubieux nous l'explique[1], à ce moment-là et dans un premier temps, les parents peuvent apparaître « comme de vrais automates » aux yeux des soignants. En effet, face à une telle annonce, les capacités psychiques habituelles des parents les abandonnent. Ils semblent ne plus pouvoir comprendre ce qui leur arrive. En réalité, cet état apparent de sidération signifie que le psychisme ne peut encaisser d'une traite l'information qu'il vient de recevoir. Christophe Fauré parle de « protection psychique » : « *Cette étape est donc à comprendre comme un moyen de se protéger contre l'énormité de ce qui vient de se passer.* »[2] C'est bien cet arrêt sur image immédiat qui va permettre à chaque personne d'intégrer la réalité, à son propre rythme.

Lors d'un pronostic létal, les parents sont parfois amenés à accompagner leur petit bébé dans ses dernières heures de vie. C'est ce que Pauline et Grégoire ont vécu « *vaillants comme des guerriers partant sur le champ de bataille* ». Lors de cette épreuve, les équipes hospitalières doivent pouvoir aider les parents à réagir avec leurs propres ressources. Progressivement, les parents sont amenés à choisir la manière dont ils vont se séparer de leur enfant, tout en sachant qu'il n'existe pas qu'une seule façon de vivre cette situation et que chacun doit pouvoir être respecté dans ses choix. Prendre son bébé dans ses bras, lui

1. M.-J. Soubieux, *Le berceau vide*, Toulouse, Erès, 2008.
2. C. Fauré, *Vivre le deuil au jour le jour*, Paris, Albin Michel, 2004.

chanter des berceuses, lui donner le bain, lui dire des mots doux, sont autant de moments de tendresse partagée qui procurent souvent un certain apaisement. Soulagés de pouvoir accomplir leur rôle de maman et de papa jusqu'au bout, les parents peuvent accéder à un sentiment de paix. C'est également ce que rapportent les parents qui ont souhaité voir leur bébé mort-né. Certains l'ont lavé, habillé, tenu dans leurs bras.

Lorsque les repères se sont effondrés et que l'impensable est en train de se produire, il est indispensable de poser des mots et des gestes, notamment au travers de rituels (qu'ils soient religieux ou non). En effet, ces derniers permettent de réintroduire de la cohérence et du lien, là il n'y a plus que le chaos, l'absurde et l'incompréhensible. Pauline fait référence au Père Vetu par exemple qui, à sa demande, baptise leur fille à l'hôpital. « *Ses paroles sont sans doute banales mais elles m'apaisent. J'ai l'impression que nous avons enfin droit à un petit bout de vie normale.* » Les chants et les prières à l'unisson se sont mêlés aux sanglots autour de l'enfant. Cette cérémonie a permis aux personnes proches d'être présentes… mais le rituel peut aussi rester très intime et personnel. Aussi modeste soit-il, il s'avère soutenant à condition bien entendu qu'il soit porteur de sens pour les personnes concernées. Grâce à la symbolique qui le sous-tend, il est un vecteur de mentalisation tout à fait primordial dans le processus de récupération après un choc émotionnel. Les cérémonies post-mortuaires offrent par ailleurs la possibilité d'une reconnaissance sociale de l'enfant. Le droit d'être inhumé par exemple lui confère d'emblée une place au sein de notre communauté. « *Même si Victoire est passée fugacement sur terre, notre tribu reconnaît son existence.* » Pauline souligne ainsi combien il est important que l'existence de sa fille ait été reconnue par son entourage.

Une fois de retour à la maison, les parents endeuillés sont envahis par une insoutenable sensation de vide. « *Comment survivre après ce drame ? De quoi sera faite notre vie ? Qu'allons-nous devenir maintenant ?* » se demandent-ils. Si le deuil est un chemin individuel sur lequel on se sent terriblement seul, on s'aperçoit que les parents ont tendance à chercher du soutien et des réponses au travers de récits de vie similaires qu'ils trouvent dans des livres, sur internet, les blogs et les forums d'échanges. Certains se dirigent vers les associations de soutien et les groupes de parole spécialisés dans l'accompagnement de parents endeuillés.

Alors que notre association « Parents désenfantés » existe depuis plus de trente ans, c'est seulement depuis une dizaine d'années que nous recevons des demandes spécifiquement liées au deuil périnatal. Le fait que ces parents nous arrivent de plus en plus nombreux traduit une évolution des mentalités. La « conspiration du silence », telle que décrite par l'obstétricien Pierre Rousseau à la fin des années soixante-dix, laisse place progressivement à une légitime prise en considération de la mort de ces tout-petits, tant au niveau de l'encadrement psychologique et médical réalisé en maternité, qu'au niveau socio-juridique. Malgré cette évolution, les mamans et les papas qui viennent à l'association manifestent un réel besoin d'être reconnus et écoutés sans jugement. Beaucoup d'entre eux nous expliquent avec colère et désarroi à quel point ils se retrouvent confrontés à de l'indifférence, voire à un véritable déni. Ils se sentent incompris et soumis à une pression sociale leur interdisant de parler de ce qu'ils ont vécu. Trop souvent les souffrances se transforment en non-dits et les « bons conseils » de l'entourage en petites phrases assassines : « *Il faut passer à autre chose maintenant ! Vous en aurez pleins d'autres des enfants.* » Lorsque l'on sait que la reconnaissance sociale est l'une des pierres angulaires dans l'accomplissement d'un travail de deuil, on mesure toute l'ampleur de la difficulté que cela peut engendrer dans le cadre particulier du deuil périnatal. À ce titre, l'auteure du livre, nous fait découvrir comment une jeune femme apprivoise ce redoutable statut de mère endeuillée, confrontée, à certains moments, à l'incompréhension des siens, de ses amis et de son entourage professionnel.

L'objectif premier d'associations telles que « Parents désenfantés » est donc d'offrir la possibilité aux personnes en deuil de sortir de leur isolement. Grâce à un cadre respectueux et sécurisant, les groupes de parole favorisent le partage d'expériences entre participants ayant tous vécu la mort de leur enfant. Submergés par leur souffrance et leurs pensées, les parents rapportent souvent leurs craintes de « devenir fou ». Puis, au fil des rencontres, ce qui ne pouvait être nommé se met en mots, sans tabou. À l'écoute des uns et des autres, les parents apprennent à identifier et à verbaliser les émotions qui les traversent sans crainte d'être rejetés. Les témoignages se croisent, permettant aux personnes de mettre en lumière les ressemblances et les différences sur le chemin parcouru. Les liens se tissent et le travail de deuil lentement s'opère, avec en filigrane un message d'espoir : « *Oui, on peut survivre à cela* ». Mais il faudra pourtant accepter les changements qui s'opèrent en nous et accueillir la place que nous donnons à notre tout-petit qui est mort.

C'est ce que nous confie Pauline qui regarde avec douceur ces dix années écoulées depuis la mort de sa petite Victoire : « *Aujourd'hui, je sens effectivement l'âme de Victoire en moi, tout au fond de mon cœur.* »

Laetitia Schul
Membre de l'association « Parents désenfantés »[1]
Psychologue

---

1. Association « Parents désenfantés » Belgique. Site : *www.parentsdesen-fantes.org*

Préface
de Françoise Molénat

En dédiant son livre à sa fille Victoire, dont la vie s'arrêta à sept jours dans un service parisien de pédiatrie néonatale, Pauline Aymard nous offre un chant d'amour indestructible. Sa sincérité, sa volonté inébranlable de survivre dans l'épreuve tout en affrontant la violence des heures passées entre refus et acceptation de l'insupportable, ses moments de désespoir, son souci constant de protéger ceux qui l'entourent, sont autant de messages de vie pour les parents endeuillés. On ne peut que s'incliner devant ce déploiement d'énergie, devant l'humour dont elle imprègne la description quasi sociologique des réactions de l'entourage personnel (famille, amis, collègues).

Puisque j'ai l'honneur de préfacer ce qui constitue un témoignage personnel n'appelant en soi aucun commentaire, hormis l'admiration devant le courage de l'écriture, j'ai souhaité parler de vive voix avec Pauline Aymard, avant de m'autoriser une quelconque réaction. C'est en professionnelle – pédopsychiatre impliquée depuis plus de trente ans en médecine périnatale, que je l'ai sollicitée.

Lors d'un entretien téléphonique, elle m'autorisa à faire part d'une longue expérience à l'écoute des familles, mais aussi des acteurs impliqués ici ou ailleurs dans les mauvais coups du destin. En écho à sa question lancinante, fil directeur de son récit – *une mère peut-elle se remettre de perdre l'enfant porté de longs mois avec un tel désir, attendu avec tant d'impatience ?* – l'on est en droit de questionner le déroulement des faits. Laissons de côté l'aspect strictement médical d'un accouchement catastrophique qui ne manquera pas d'attirer l'attention du lecteur un tant soit peu averti. Une fois parcourue la description d'une première épreuve – l'aide technique pour qu'une grossesse s'enclenche – ce que nous lisons de l'accueil en maternité soulève le cœur : « elle a été massacrée ». Un grand silence voile le déroulement de cette grossesse qualifiée plus loin de « merveilleuse ». Pourtant Pauline Aymard évoque un épisode de fortes contractions à six mois qui la conduit aux Urgences, des angoisses de mort itératives les deux derniers mois de grossesse jusqu'à l'entrée glaçante, au jour prévu, pour un déclenchement dit « de confort » (le confort de qui ?). On cherche vainement, à travers les lignes, qui a entendu, qui a protégé, qui a recueilli ces signes d'alarme que les sages-femmes, les médecins, ont appris à décoder comme annonciateurs d'un risque de dystocie[1] ?

L'insécurité d'une équipe bancale, insuffisante face à tous les déclenchements prévus ce samedi matin, se déversera sans filtre sur le couple. Pauline Aymard décrit les mouvements d'inquiétude autour d'elle, jusqu'au vent de panique lorsque la situation se complique. Il lui faut hurler pour voir l'enfant

---

1. Nde – Dystocie : Difficulté gênant ou empêchant le déroulement normal d'un accouchement.

avant le transfert. Toutes ses forces se mobiliseront pour la vie à tout prix. Elle passe vite sur son corps meurtri – et l'on se pose une vaine question : qui prend soin de son corps à elle, maintenant, plus tard ? Qui recueille ses émotions en vrac après une naissance traumatique ?

Elle parvient cependant à nous faire sourire lorsqu'elle décrit sa curiosité devant l'arrivée de femmes qui accouchent encore « naturellement », sans déclenchement programmé ! Comme si le fait qu'il eût pu en être autrement n'effleurait même pas la conscience de cette mère respectueuse du monde médical – pour raisons familiales nous dit-elle… Avec la plus grande prudence, nous ne pouvons nous empêcher de nous interroger : de quoi Pauline tente-t-elle de se remettre ? De l'absence de Victoire ? De la culpabilité que toute mère éprouve lorsque son enfant lui échappe ? Ou du cauchemar traversé, sans mots pour le reprendre avec les témoins impliqués ? Du désastre corporel et affectif tellement mêlés qu'elle n'a pas d'autres choix que de s'en prendre à elle-même ? Notre expérience auprès de centaines de parents frappés par l'épreuve, leurs paroles entendues si souvent, nous permettent d'affirmer : il peut en être autrement. L'erreur, la maladresse, font partie du difficile travail des équipes. Aucun d'entre nous n'est à l'abri d'un dérapage. Mais faut-il alcool et Xanax pour remplacer le manque cruel d'attention ? C'est toute une société qui se trouve concernée. Les parents nous ont appris la surprise qu'ils éprouvent lorsqu'un drame médical provoque la rencontre avec des soignants d'une extraordinaire humanité, grâce auxquels ils découvrent de nouvelles capacités en eux-mêmes : faire face à la douleur, se sentir reconnu dans ce qu'ils ressentent, faire confiance à leurs propres émotions, éprouver la sécurité d'un environnement coordonné – en l'occurrence d'une étroite communication entre équipe obstétricale et pédiatrique qui ici n'apparaît pas… Merci à tous ces parents, par leur parole, de nous sortir des lieux communs, et de nous rappeler, comme ce couple il y a fort longtemps : « *Perdre un enfant c'est terrible mais on peut s'en remettre… Se sentir volé de ses émotions, de cela on ne se remet pas* ».

Heureusement, le décor change lorsque les parents de Victoire rencontrent l'équipe pédiatrique. Les gestes professionnels des soignants et une empathie proche de la tendresse chez chacun d'eux rendent la douleur supportable. Pauline Aymard livre là un formidable témoignage de ce qu'une équipe médicale, compétente et reconnue comme telle, peut développer pour s'ajuster aux mouvements affectifs d'une famille meurtrie, heure après heure, élaborant avec elle l'accompagnement singulier d'une histoire unique : celle de Victoire, de ses parents, de la fratrie à venir qui découvrira à son tour qu'une vie si courte garde toute sa valeur. L'auteur nous rassure sur ces ressorts existant en chaque professionnel, ressorts qui ne demandent qu'à s'activer, dans des conditions qui mobilisent actuellement de très nombreux soignants.

La deuxième partie du livre permet de relire la première avec d'autres yeux : le soulagement revient en apprenant que l'obstétricien concerné s'est trouvé plus tard interdit d'exercice. Une personnalité problématique peut influencer toute une équipe, dans le bon ou mauvais sens, et gageons que cette même équipe, sous d'autres auspices, pourra retrouver son désir profond de soulager toute souffrance, dans la conscience des limites de chacun...

Il se produit actuellement en médecine périnatale un changement profond de mentalité. La mère de Victoire a pu s'appuyer sur ses propres ressources et sur celles de son entourage pour reprendre pied. Pour toutes les mères qui n'ont pas eu cette chance le rôle des soignants reste déterminant. Il y a urgence.

Françoise Molénat
Pédopsychiatre
Montpellier
fmolenat@yahoo.fr
www.afree.asso.fr

Ce matin-là

Il n'a jamais fait aussi beau que ce matin-là.

Les cigales chantent, le ciel bleu ondoie au-dessus des flots et la montagne forme un écrin accueillant, apaisant. Le soleil m'aveugle, augmente la réverbération sur les pierres blanches des maisons et des marches de l'escalier sur lequel je me tiens. Malgré la fin du mois d'octobre la chaleur me cuit à travers mes vêtements noirs et entretient en moi ce feu ardent qui m'oblige à aller jusqu'au bout de moi-même, jusqu'au bout de mon amour et de ma sensibilité. Face aux flots bleus, c'est comme si tous mes souvenirs de jeunesse et le bonheur vécu dans ces contrées que j'aime tant s'étaient rassemblés pour m'accompagner et me tenir la main.

Ce matin-là, j'ai aussi un des plus grands fous rires de mon existence. Honteusement cachée dans l'épaule de mon mari, spectatrice de ma vie et de tous ceux qui se sont rassemblés autour de nous, j'étouffe de rire, submergée par l'ironie de la scène, la bonne volonté de ses acteurs et leur impuissance à comprendre et à partager ne serait-ce qu'une infime partie de ce que nous venons de traverser.

Ce matin-là, sans que je m'en rende tout à fait compte, le voile de la légèreté se déchire en moi. Alors que plusieurs dizaines de personnes m'entourent, proches, intimes ou inconnus, j'apprivoise comme une amie la plus grande solitude que j'aie jamais éprouvée auparavant.

Ce matin-là, j'enterre ma fille. Victoire.

Le parcours
du combattant

« Tiens, j'ai eu mon père au téléphone. Il voulait savoir si tu avais eu tes règles ou pas. »

Je bondis intérieurement. Comment ? De quoi se mêle-t-il ? L'hégémonie du grand patron a donc besoin d'investir les moindres recoins de la famille ? Ne peut-il pas laisser ma vie intime tranquille ? Il n'a donc toujours pas compris. Ce n'est pas parce que j'ai épousé son fils que je lui appartiens et qu'il peut régir ma vie comme s'il traitait un patient lambda.

« Depuis quand t'appelle-t-il pour ce genre de choses ?

— Depuis que je lui ai dit que nous voulions un enfant.

— Et il te téléphone souvent ?

— Tous les mois. Tu sais, il a été gynéco avant de devenir chirurgien, donc il sait compter. »

Les mots se succèdent comme autant de coups de poing dans mon estomac. Le petit-déjeuner a beau être pour moi un moment exquis d'éveil à la vie, de désengourdissement de ma nuit de sommeil, de retour aux sens, à travers la lumière, le soleil, les nouvelles de la radio, le goût de mon café, la douceur de ma robe de chambre, je n'arrive pas à me protéger de cette intrusion incompréhensible dans ma vie de jeune mariée. Il m'a fallu du temps pour accepter l'idée de faire un enfant. Un an. Un an de mariage, à hésiter entre carrière professionnelle et vie de famille, un an à ployer sous le joug de la belle-famille. Un an à regretter de m'être mariée, d'avoir abandonné ma liberté, de ne pas avoir visité le monde entier, de ne pas avoir continué mes études. Un an m'a en effet suffi à faire le tour de ma prison dorée. En quelques mois le mariage s'était transformé en poids social sur mes épaules. Mon devoir d'épouse, mon statut d'épouse, mes obligations d'épouse… Tout ça pour une particule. Madame de La Tour Penchée, comme ma grand-mère appelait en son temps ses amies snobs qui s'enivraient de branches aînées et de branches cadettes et d'alliances des plus honorables. Pourquoi avais-je abandonné mon nom de jeune fille, pourquoi avais-je renoncé à devenir « Madame Tout le Monde » ? Et cette belle-famille vient se mêler de ce qui ne la regarde absolument pas. Mon intimité la plus profonde. Ma féminité est examinée et disséquée.

« Donc, papa pense que tu devrais consulter. Tu dois avoir un problème. »

Je rêve. Moi, un problème ? Et puis quoi encore… J'ai déjà à peu près tout entendu sur mon Rhésus sanguin lors des bilans prénuptiaux. Mon malheureux O- ne convenait pas dans le cadre idéal du mariage du fils aîné. L'avantage est qu'aujourd'hui, je suis parfaitement au fait des difficultés des femmes au rhésus O-, les piqûres d'agglutinines irrégulières, les risques de toxémie pour les bébés et la fréquente difficulté à faire plus de trois enfants… Et en plus, maintenant il faudrait que je consulte car, bien sûr, je dois avoir des problèmes si je ne procrée pas immédiatement ? Il faut que je me sauve de là, que je me sauve de ma cuisine jaune et orange comme le soleil, que je m'enfuie dans la grisaille du métro, dans l'anonymat de la foule, que je regagne mon travail avec tout ce qu'il implique de représentation et de jeux d'acteurs pour oublier, me noyer dans la foule du magasin, m'enivrer de toutes ces relations de vente qui se succèdent sans jamais être les mêmes. « En quoi puis-je vous aider, madame ? » Paradoxalement, ce tourbillon d'activités me donne l'illusion de reprendre mon souffle. Avant de rentrer à la maison…

Le lendemain matin, le sujet revient sur la table du petit-déjeuner :

« Papa a des adresses si tu veux. Il peut t'envoyer dans les meilleurs services des hôpitaux de Paris. »

Grégoire ne lâche pas. Son papa tout-puissant « a dit », donc il faut faire. Je le renvoie dans ses buts.

« J'ai mon médecin, je n'ai besoin de personne merci. »

Un mois plus tard, je vais consulter mon bon médecin Toutrose. À qui je cache peu la situation biologique et familiale… Lui qui me connaît depuis mes 18 ans et ma première pilule, me rassure. Et puis, c'est ma sœur – bien sûr – qui me l'a conseillé lorsque je suis arrivée à Paris quand je lui ai confié mon désir de prendre la pilule… Ma sœur et ses nombreuses grossesses, suivies par le docteur Toutrose, n'ont fait que renforcer la confiance que je peux avoir en lui. Il a le recul nécessaire pour juger, habitué qu'il est à voir défiler dans son cabinet tous les malheurs ovariens de Paris. Je confie donc mes soucis, l'attitude de mon beau-père qui me choque, ses grands airs de chirurgien. Me retrouver assise dans son petit cabinet du fin fond du 13ᵉ arrondissement me donne du courage pour regarder la situation avec lucidité et me confier avec des mots simples, même s'ils sonnent cru à mes oreilles. Toutrose me propose de procéder immédiatement aux examens. Au moins le doute sera levé et nous pourrons reprendre nos projets d'agrandissement de la tribu en toute tranquillité, comme deux jeunes amoureux. Premiers examens, érotisme torride de la prise de température dès sept heures du matin, prises de sang en tout genre. Verdict sans appel : je n'ai aucun problème d'infertilité. Il faut donc passer à monsieur, ce qui va demander de déployer des trésors de diplomatie… Le seul moment qui m'arrache des larmes est le fameux examen des trompes. Je compatis aux pages et aux pages de forums et de posts angoissés – avant l'examen – ou résignés – post-examen – que je consulte frénétiquement sur Aufeminin.com. Je vous confirme néanmoins la douleur surprenante de l'hystérosal-pingographie, douleur qui me ravage les entrailles et me laisse toute flageolante, incapable de rentrer seule à la maison. Grégoire ne répond pas à son bureau et je me vois mal expliquer à qui que ce soit d'autre le type d'examen que je viens de subir. Heureusement, après un quart d'heure passé pliée en deux sur un banc du boulevard Montparnasse, au sortir du cabinet de radiologie, je trouve la force de héler un taxi. Je rentre directement à la maison me réfugier dans mes draps.

Une semaine plus tard, Grégoire et moi nous retrouvons dans le cabinet de Toutrose pour les résultats finaux. Le verdict tombe : spermatozoïdes en déroute. À peine 1 million et, parmi eux, seuls 5 % pourraient envisager une poursuite de carrière dans mon utérus. Grégoire et moi allons donc devoir envisager la procréation médicalement assistée…

✳ ✳ ✳

Notre petit appartement de la rue des Camomilles a beau être rempli de jaune, la pluie s'installe dans nos cœurs. Je ne me sens pas prête. Hors de question de subir tous ces traitements, cette misère humaine de la procréation médicalement assistée que j'ai entraperçue dans les forums. Et pourtant je suis mariée. Le sentiment de m'être trompée de vie m'envahit. Je suis mariée. On ne détruit pas un mariage comme ça. Au-delà de tout ce que peut me raconter mon magazine préféré *Nous*, cela ne semble pas à mes yeux une raison suffisante pour fuir mes engagements. Il faut trouver une solution. Je suis pliée en deux au fond de mon lit, réaction sans doute psychologique. Ironie de la vie, j'ai mes règles, comme pour me rappeler que mon corps est vide, sans espoir de procréation. Pour une des premières fois de ma vie de jeune femme, un mal de ventre des plus terribles me terrasse. Mon mari tourne en cage. Il ne m'a jamais vue malade. Je ne suis pas du genre à me plaindre. Et là, subitement, il ne comprend pas, je n'assure plus mon rôle. Pas de dîner, pas de « bonsoir chéri, comment ça va ? ». Je dois reconnaître que je suis une mauvaise malade, je déteste la douleur et cela me rend d'une humeur de chien. En plus, j'ai passé mon enfance à railler secrètement les filles qui ont mal au ventre, reproduisant – sans honte, inconsciente que j'étais – les attitudes de mon père, médecin qui se moquait régulièrement des règles douloureuses.

Le samedi après-midi, je me traîne dans le salon, et là, le pire est à deux doigts de se produire. Grégoire occupe le milieu du canapé et je lui suggère, un peu agacée, de se pousser. Après tout, c'est moi qui suis malade, de façon injustifiée puisque je n'ai rien. Et il ne fait même pas d'efforts. Je lui demande pourquoi il fait cette tête-là, comme on pose toutes des questions totalement idiotes. Je n'aurais pas dû mais j'enchaîne malgré moi en lui disant :

« C'est moi qui suis obligée de subir tous ces examens humiliants, douloureux, à cause de toi qui n'es pas capable de te taire, qui expliques à ton père à quelle date on baise et combien de fois… »

Grégoire se retourne, lève sur moi une main menaçante et… la gifle retentit. Tellement fort que je retombe direct sur le canapé. Mon mari vient-il de me battre ? Est-on censés se donner des gifles entre mari et femme ? J'ai bien reçu des gifles étant enfant et lui aussi sans doute, mais est-on supposés continuer à l'âge adulte ? Pourquoi y a-t-il mis tant de force ? Pourquoi suis-je tombée à moitié sur la moquette et à moitié sur le canapé ? Pourquoi suis-je par terre en train de pleurer ? Grégoire part en claquant la porte. Prendre l'air. Deux bonnes heures. Ce qui me laisse le temps de pleurer un grand coup, d'appeler ma mère parce que même si c'est la dernière personne à qui j'aimerais parler elle me semble la seule assez âgée pour entendre ça.

Heureusement, Grégoire part très souvent en mission à l'étranger pour son travail et je me retrouve rapidement à espérer ces lundis matin qui l'emportent vers Roissy pour ne le ramener que le vendredi soir. Et comme mon cher travail requiert ma présence un samedi sur deux, mon besoin d'air frais s'en trouve naturellement satisfait. Je me sens seule mais, en l'occurrence, mieux vaut être seule qu'en danger. Quand Grégoire rentre, nous n'abordons jamais le sujet. Il reste là, pourtant, ce contentieux extrêmement brûlant, il couche entre nous, nous éloigne l'un de l'autre dans le lit. Heureusement, les deux mètres sur deux de notre terrain de foot conjugal nous permettent de vivre dans le *statu quo*.

✳ ✳ ✳

De l'air, des gens nouveaux, ne pas étouffer toute seule face à nos problèmes et face à ce mari qui prend ses difficultés comme un nouveau coup du sort, qui baisse les bras. Pour lui, c'était normal. Cet accident cérébral à 17 ans, HEC raté à 22, et maintenant pas d'enfants. Juste normal. Le sort s'acharne contre lui, c'est aussi simple que ça. En plus, je dois moi-même me confronter à une nouvelle question bien angoissante. Est-ce que je l'aime assez pour endurer tous ces traitements ? Pourquoi est-ce que moi aussi je devrais pâtir des coups du sort qui s'acharnent contre lui ? Est-ce que je ne peux pas avoir, moi, des enfants simplement, normalement, « oups, on n'a pas fait attention » et ça y est, en route pour l'aventure ? Je passe de plus en plus de temps au bureau sur les forums à lire les expériences de mes autres collègues d'infortune. Je deviens spécialiste de ce langage ésotérique. Je participe peu. Je n'ai pas encore commencé. Je suis véritablement étonnée par toutes ces filles qui vivent en apnée dans l'attente de leur prochaine prise de sang, de leur prochaine piqûre. Courage ? Manque de courage ? Amour ? Preuve d'amour ? Erreur ? Divorce ? Sacrifice ? Et ma santé ? Vais-je endurer tout cela pour lui ?

Et puis, un matin de juin, environ trois mois après ces horribles nouvelles, l'envie revient avec son cortège d'optimisme et d'espoir. L'envie d'avoir un enfant avec Grégoire coûte que coûte envahit mon cœur et mon ventre. L'envie de la reproduction, de la lignée, de la descendance s'impose à moi. L'envie de meubler ces longs week-ends de jeunes actifs avec des cris d'enfant. L'envie aussi de rompre un tête-à-tête devenu stérile qui nous fait plus de mal que de bien. Grégoire accueille cette nouvelle avec un grand bonheur et, tout de suite, a la touchante attitude de me dire qu'il sera avec moi, tout contre moi, qu'il me soutiendra autant que faire se peut. Et il me dit aussi qu'il m'aime pour ce cadeau que je lui fais. Moment d'éternité. On en rêve tellement de ces mots doux que les garçons généralement se gardent bien de nous dire au moment où nous les souhaitons de tout notre cœur, de toutes nos tripes. Beau dialogue d'amour. Nous nous aimons ; j'aime mon mari, malgré tout, malgré ma belle-famille, malgré la gifle, malgré la vie qui se charge de nous compliquer les choses, et je vais le lui montrer. Mon courage en bandoulière, la tête dans les nuages en rêvant au jour où je serrerai notre petit d'homme dans mes bras, je reviens chez le docteur Toutrose en lui disant : « Ça y est, on est prêts. »

Un goût de Victoire

Le 19 octobre marque la veille de mon accouchement. Malgré la période des budgets, Grégoire rentre tôt du bureau. Le plus grand jour de ma vie de femme approche : demain, je vais devenir mère, accoucher dans la peur et peut-être aussi la douleur. Victoire Marie Augustine est attendue. Nous n'avons pas pu résister à Augustine. C'est le petit nom que nous lui donnons quand mademoiselle m'empêche de dormir à trois heures du matin avec ses petits coups de pied. C'était le prénom de ma grand-mère. Je l'avais découvert tardivement lors d'une confidence de mon père qui m'avait avoué que, par coquetterie, ma grand-mère, qui se prénommait Augustine, avait passé sa vie à se faire appeler Pauline. Profitant même de la confusion de la guerre pour faire changer son prénom sur ses papiers d'identité. Enfin, Victoire Marie Augustine arrive demain. Mon gros ventre et mes 22 kg pèsent sur mes reins et, après un été caniculaire, je n'en peux plus de me traîner. Heureusement, la première saison de la *Star Academy* et les aventures de Jenifer et Mario ont réussi à me tenir allongée dans mon canapé pendant ces premiers mois d'automne.

Exceptionnellement, Grégoire lâche donc enfin son travail pour rentrer à la maison et m'emmène dîner dehors. Il fait encore tellement chaud en ce 19 octobre que nous cherchons une terrasse qui puisse nous accueillir. Avenue des Ternes, avenue Niel, nous baguenaudons et finissons par atterrir dans une brasserie où nous goûtons l'air frais de la nuit qui tombe sur Paris. Malgré ce moment intense de bonheur à deux, tout dans l'intimité de ce grand tournant de notre vie privée, de notre projet de vie de famille, je ne peux m'empêcher d'avoir des pensées morbides. Cela fait deux mois environ que je rêve systématiquement que Grégoire, ne résistant pas aux émotions, le jour de l'accouchement et de la naissance de ce bébé tant attendu, est victime d'une crise cardiaque. Mon rêve vire au cauchemar quand je me retrouve à l'enterrement de mon mari.

Je ne peux résister à la tentation d'en parler à Grégoire, qui bien sûr me prend pour folle, future mère ayant perdu ses Converse, et m'écoute d'un air compatissant, acquiesçant à la moindre de mes requêtes. Subitement, c'est moi qui ai peur de mourir. Je lui dicte donc mon testament en direct à la terrasse de ce bistrot de l'avenue Niel. Mon collier de perles ira à ma nièce Stella, mon piano à mon neveu Maximiliano — je n'ai pas grand-chose à moi en fin de compte —, mes verres reviendront à ma sœur Eugénie, ma bague de fiançailles sera pour mon filleul Michel Angelo, et mon vase Christofle en argent massif que ma grand-mère m'avait donné au fond d'une cave quand j'avais 13 ans ira à ma nièce Camille. Je sais pertinemment que Grégoire trouve ces considérations ridicules et n'écoute que d'une oreille discrète. Je n'ose lui dire que cela fait deux mois que je suis hantée par ces rêves de mort…

Sur les coups de 23 heures, nous décidons de rentrer à la maison. Nous traînons bras dessus bras dessous dans le quartier.

Comme d'habitude, je ne peux résister à la tentation de faire du lèche-vitrines. Les trottoirs sont désertés de leur faune habituelle et Grégoire fume cigarette sur cigarette. Une fois chez nous, je jette un œil à la valise de la maternité qui est prête depuis déjà trois semaines. La valise du bébé elle aussi regorge de layette rose que nous avons chinée en Espagne cet été, petite brassière après petite brassière. Bodys, pyjamas en velours, couches en fil, tenues d'apparat pour visites protocolaires, cols en guimpe… Tout est prêt, ma future fille dispose d'un trousseau digne d'une princesse. Sa chambre attend silencieusement. J'ai choisi voilà quelques mois, lorsque nous avons refait l'appartement, un papier peint intitulé « les Bêtes à bon Dieu » qui essaime au long des murs coccinelles, papillons et libellules dans des tons de parme.

J'arrive à me coucher. Et après avoir fait une dernière fois l'amour avec Grégoire, je m'endors dans ses bras. Demain je vais devenir mère. Je me sens bien, à un tournant majeur de ma vie, ne sachant ce qui m'attend véritablement mais emplie du sentiment que demain rien ne sera plus pareil. Je ferme les yeux en m'engageant sur un pont de corde au-dessus du vide.

* * *

Le réveil nous tire des bras de Morphée à 6 heures, nous sommes convoqués à 7 heures pétantes à la maternité. Grégoire prend son petit-déjeuner, une douche pour bien se réveiller et nous voilà partis. Ne voulant pas débarquer avec mon paquetage, je n'emmène tout d'abord qu'un petit sac qui contient uniquement la tenue du bébé et une chemise de nuit pour moi.

Grégoire répète une dernière fois les consignes. Oui, il a bien compris, il laisse tout dans le coffre de la voiture et, une fois que je serai remontée dans ma chambre, il ira petit à petit chercher le matériel. Nous sommes prêts. Victoire peut arriver. En route pour, soi-disant, la meilleure clinique du 16ᵉ arrondissement.

✴ ✴ ✴

À notre arrivée, nous sentons un vent de panique souffler sur la maternité. Ah, nous aussi nous sommes là pour un déclenchement ? À voir l'air réjoui de la sage-femme, nous nous demandons si nous n'avons pas fait erreur. Est-ce bien la bonne clinique ? Ou peut-être n'avons-nous pas le look adéquat ? Il est vrai que je suis énorme, mais bon… La description idyllique de la clinique des Lilas, que m'avait faite mon amie Emmanuelle, accouchée depuis peu, semble bien différente et bien éloignée de ce que je constate ce matin-là ici dans le 16ᵉ, gagnée par les ondes de stress qui traversent les salles de travail. On nous fait asseoir dans la salle d'attente et c'est ainsi que nous voyons trois autres couples arriver eux aussi pour un déclenchement ce jour. Une famille qui attend des jumeaux est prise en priorité… Et tout le monde le comprend bien. Nous nous sentons déjà toutes tellement encombrées avec nos petits bébés et nos ventres énormes qu'en avoir deux prêts à naître, nous préférons juste ne pas y penser. Nous laissons donc la maman et le papa emmêlés dans leurs sacs maternité en double, leurs châles en double et tout en double partir vers la salle de travail et commencer cette formidable aventure.

16

La sage-femme refuse de nous installer en salle de travail, nous intimant d'attendre l'arrivée du médecin. Cette sage-femme me déplaît. Je suis déjà venue enceinte de six mois, suite à une nuit dantesque de contractions, faire un monitoring à la clinique. Ses gestes brusques, le ton tranchant qu'elle avait pris pour nous dire que « ce n'était rien du tout », alors que j'étais légitimement angoissée par ces contractions surprenantes… Cette sage-femme ne m'inspire pas du tout confiance. Sa coiffure de blonde décolorée, son fond de teint orange et son fard à paupières bleu métallisé m'ont immédiatement laissé une impression de vieille chouette. Et à présent, la vieille chouette s'énervant, mes illusions sur la bonne matrone qui soutient ses parturientes s'effondrent. Heureusement, vers 8 heures, l'équipe de jour arrive et je me rends compte entre deux battements de portes anti-incendie que la vieille chouette va partir. Soulagement, Grégoire et moi nous regardons et sommes heureux de voir un nouvel horizon de douceur se dessiner devant nous.

Cependant, au fur et à mesure des passages de la sage-femme et du relais avec l'équipe du matin, je commence à comprendre le problème. Après une nuit relativement normale mais néanmoins occupée, l'équipe du matin rencontre des difficultés. Une seule sage-femme est présente ce matin. Sa collègue est en arrêt maladie. Des bribes de conversation nous parviennent à travers les portes battantes.

« C'est toujours comme ça.

— Là, ça suffit, je ne reste pas. Trop, c'est trop ! »

La clinique la plus chic du 16ᵉ arrondissement, où l'accouchement coûte la bagatelle de 3 000 euros, baisse sérieusement dans mon estime, d'un coup. Nous ne baignons pas véritablement dans la douce béatitude de tant de naissances heureuses annoncées. Un coup de fil à la direction nous révèle le pot aux roses : étant toute seule et sa collègue de la nuit refusant de rester, la sage-femme qui prend le relais à 8 heures du matin se déclare incapable d'accoucher toute seule quatre femmes dont une qui attend des jumeaux. Ce que je ne sais pas encore, c'est que les femmes dont l'accouchement est déclenché suivent toutes le même processus à quelques minutes près. Par conséquent, tous les bébés naissent en même temps peu ou prou quatre heures ou quatre heures et demie après la pose de la première perfusion. Je comprends mieux aujourd'hui l'inquiétude de la sage-femme devant l'encombrement de la salle d'attente.

L'anesthésiste arrive, compatit à la situation de la sage-femme et part s'occuper du premier cas. Nous patientons dans la salle d'attente. À un moment donné, à bout de nerfs et gagnée par le stress que m'a communiqué cette sage-femme en faisant claquer quelques portes, je propose à Grégoire de rentrer à la maison. Nous sommes clairement dans le cadre d'un accouchement de confort. Mon terme n'est prévu que trois semaines plus tard en principe. Excepté mes problèmes d'œdème, rien ne justifie que j'accouche absolument ce matin. Je veux rentrer. Pourtant le déclenchement programmé le samedi matin dans le 16ᵉ est idéal, n'est-ce pas. Cela permet à toute la famille de venir admirer la petite merveille pendant le week-end, et sans aucun doute aussi de remplir les lits d'une clinique peut-être moins remplie le week-end, et les bons docteurs peuvent rentabiliser leur samedi matin avant de partir se détendre au golf l'après-midi. De quoi nous plaignons-nous ? Néanmoins, la situation me stresse, je peux attendre une semaine de plus, je veux rentrer. Mon Grégoire immuable, avec ses principes jésuites de petite bourgeoisie provinciale, m'intime de me calmer. Pas de vagues, j'arrête de me faire remarquer. Comme d'habitude, je ne veux en faire qu'à ma tête, et là, ça suffit. Donc, je m'assois, je me calme et on attend patiemment de voir ce qui va se passer.

Si j'avais pu imaginer…

✳ ✳ ✳

Le docteur Linguaux arrive tout illuminé par son bronzage « spécial UV ». Dans une envolée de bras qui tournent, il remet de l'ordre dans l'organisation en quelques mots — comment ose-t-on faire attendre ses patientes ? ! —, et la sage-femme, visiblement apeurée, se dépêche de rattraper le temps perdu. Quelques minutes plus tard, l'anesthésiste et son équipe nous installent en salle de travail. Intriguée par toutes ces futures mères qui reviennent à l'accouchement naturel, curieuse de savoir enfin ce qu'est une contraction d'accouchement, je demande à attendre avant que l'on me fasse la péridurale.

Les monitorings nous indiquent à Grégoire et moi les contractions qui rapidement, sous l'effet de la perfusion, se déclenchent et je commence à les sentir longer ma colonne vertébrale. Génial, grand bonheur, ce jour tant attendu depuis bientôt cinq ans va enfin arriver. Notre bébé est en route. Nous allons avoir un enfant. Je me lève, je marche dans la salle, accrochée à la potence de la perfusion. Les contractions ne font pas mal à proprement parler mais commencent à m'empêcher de parler, de respirer et je ne peux plus rester allongée. Serais-je du genre à accoucher debout ? Je me prends au jeu. Jusqu'où serais-je capable d'aller sans péridurale ?

L'infirmière et l'anesthésiste rentrent ensemble pour contrôler la situation et me collent directement sur la table de travail pour faire la péridurale. Je suis dilatée à 5 centimètres, hors de question de rater le bon moment pour me piquer, après il risque d'être trop tard. Au fond de moi, je suis contente d'être prise en charge et de ne pas avoir à affronter toute seule mon destin de mère. Même si je regrette de subitement ne plus sentir mes jambes ni aucun mouvement de ce qui se passe dans le bas de mon corps. Grégoire, toujours dans la salle, assiste au ballet fascinant des contractions et des battements du cœur du bébé sur les écrans.

Mais subitement, ce cœur se met à battre moins fort. Quatre-vingts pulsations par heure, est-ce bien normal pour un bébé ? La sage-femme et l'anesthésiste échangent un regard de conni-vence et, quelques minutes plus tard, le docteur Linguaux rapplique pour prendre la mesure de la situation. Il ne me parle qu'à moi et se met à me tutoyer. Bon, Victoire doit avoir le cordon enroulé autour du cou et c'est la raison pour laquelle son cœur bat aussi faiblement. Mais on va s'en sortir. Je dois lui faire confiance.

Abrutie par la péridurale et les calmants, je bois ses paroles. Grégoire semble totalement accessoire, posé sur son tabouret. Je peux à peine parler tellement mon esprit est embrumé. D'un côté j'aimerais bien qu'il se montre plus protecteur car je ne maîtrise plus du tout la situation et d'un autre côté, étant la parturiente, il me semble normal que le médecin s'adresse directement à moi, considérant mon mari comme quantité négligeable.

Une fois l'équipe médicale partie, nous retrouvons le calme de la salle de travail. Nos souffles sont rythmés par les contractions. Grégoire sort fumer une cigarette puis revient. Je dors presque tellement je suis embrumée par toutes ces drogues et abrutie par le fait de ne plus rien sentir. Je suis quand même étonnée, je croyais que la poche des eaux se rompait plus vite que ça. Décidément, Augustine n'a pas l'air décidée à sortir.

La sage-femme revient, elle aussi s'impatiente de cette poche des eaux qui ne crève pas et décrète qu'il faut la rompre. Puis elle repart dans un bruissement de portes battantes. L'horloge implacable trône au-dessus de la table de travail et, hypnotisés par le cheminement de la trotteuse, nous accrochons tous les deux notre regard à cette aiguille pour constater que désormais les contractions surviennent toutes les quatre minutes.

Grégoire se gausse du brouhaha du couloir et me tient au courant des potins. Les jumeaux sont nés. C'est encore plus la panique car trois nouvelles femmes se sont présentées en accouchement spontané. Nous sommes donc sept au total ce matin-là. Et Grégoire s'amuse de la pauvre maman qui accouche dans le couloir, par manque de place.

Enfin, une de nos voisines monte au bloc pour une césarienne, ce qui libère une des salles d'accouchement. Les césariennes se succèdent comme la loi des séries. L'activité se calme forcément en bas et nous restons un long moment tout seuls, Grégoire et moi. Nous aurions presque pu mettre de la musique tellement l'atmosphère est calme et apaisée dans notre salle de travail.

Et soudain, les alertes se déclenchent. Que se passe-t-il ? L'alarme dure. Nous avons beau être tous les deux enfants de médecins, nous sommes incapables de comprendre ce qui se passe, mais le problème est bien chez nous, ce sont mes monitorings qui sonnent. Je vois la sage-femme redescendre en courant du bloc et conclure immédiatement à un problème. Elle se rue sur le téléphone pour appeler le bloc et demander que le docteur Linguaux redescende immédiatement.

Je comprends toute seule. Le cœur de Victoire a cessé de battre. Le docteur Linguaux se précipite dans la salle, prend un scalpel, épisiotomie, j'entends que le bébé est coincé dans le bassin. Forceps, il faut aller la chercher, on va aller la récupérer. Scalpel, forceps à nouveau, je vois les biceps de mon gynéco saillir, la sage-femme monte sur mon ventre pour pousser le bébé.

Victoire sort de mon ventre. Aucun cri. Un bébé tout blanc, endormi à l'intérieur d'une poche, est immédiatement emmené dans la salle d'à côté. Ma fille n'a pas crié. Mon mari tente de suivre. Il est immédiatement rembarré. Nous restons dans la salle. Tout va bien se passer. Ma fille ne crie pas, je ne l'entends pas crier. Le docteur Linguaux revient me signifier que

Victoire est fatiguée et qu'elle ne crie pas parce qu'elle est sous assistance respiratoire. Son arrêt du cœur l'a épuisée. « Mais tout va bien se passer », me dit-on avec de grands sourires.

Et je vois maman rentrer dans la salle d'accouchement. Là, au fond de mon cœur, je commence à comprendre qu'il y a un sérieux problème. Pour que maman, avec qui j'ai toujours eu des rapports un peu chien et chat, se pointe dans la salle d'accouchement, il y a un problème. Je suis contente qu'elle soit là et paradoxalement c'est bien la dernière personne que j'aurais souhaité voir. Tout le monde me répète à l'envi des paroles rassurantes. Tout va bien se passer, Victoire est juste fatiguée.

Le docteur Linguaux revient, il est plus prudent d'emmener Victoire dans un service de néonatalogie où elle pourra reprendre des forces et être bien surveillée. Donc le samu va venir la chercher. Je ne sais pas pourquoi mais je suis choquée. *Stoned.* Aucune réaction. Peut-être est-ce dû à l'anesthésie ou bien au fait d'être étendue sur une table, même pas encore recousue.

Grégoire revient dans la salle et me confirme que Victoire va bien, qu'elle est intubée mais qu'elle respire et que le samu va l'emporter. Et là, j'exige de voir ma fille. Donc je répète : « Je veux voir Victoire, amenez-la-moi ». Il faut que je répète cinq fois, dix fois et que je commence à m'énerver sérieusement. Je veux voir ma fille.

Au bout de très longues minutes, l'anesthésiste arrive avec un petit paquet immaculé. Mon bébé est tout blanc, pas bien rose. Mon petit bébé tant attendu. J'ai à peine le temps de déposer un baiser sur son front et elle s'envole vers la couveuse du samu.

Tout le personnel me sert des sourires extrêmement enjôleurs pour m'expliquer que tout va bien se passer, que c'est juste un bébé fatigué et que, sous 48 heures, elle aura repris des couleurs et retrouvé tout son tonus. Grégoire passe en coup de vent pour me prévenir qu'il suit le samu. Bien sûr qu'il peut y aller. Je lui suis reconnaissante même de réagir aussi bien et de suivre notre enfant. Moi, je ne peux pas faire grand-chose, attachée aux perfusions et les tripes à l'air.

✳ ✳ ✳

Une fois Victoire partie, maman revient. Je suis toujours en état de choc. C'est mon premier accouchement. Je ne pensais pas qu'il se passerait ainsi. Pour que maman soit là, je sens bien au fond de moi que c'est grave. Le docteur Linguaux revient au bout de longues minutes d'absence. Bon, il va finir de me remettre en état. Maman s'en va et commencent alors quarante-cinq très longues minutes pendant lesquelles il me recoud. Je ne sens rien mais je me demande vraiment ce qu'il fabrique. Enfin, il s'applique, me dit-il. Je suis très embarrassée par les irruptions régulières, dans la salle d'accouchement, d'une dame blonde à la mèche balayée impeccable qui s'adresse au docteur Linguaux : « Tu as fini ? Tu en as pour longtemps ? »

J'ai juste toute mon intimité à l'air. Elle pourrait frapper au moins. J'ai vraiment l'impression d'être dans un hall de gare. Elle ne se présente pas, n'a pas un mot d'excuse pour moi, ni même un regard. J'apprendrai plus tard qu'il s'agit de sa femme. Je comprends mieux son impatience. Le samedi après-midi à 15 heures, on est censé faire autre chose que recoudre des patientes quand on s'appelle docteur Linguaux. En principe on joue au golf, on fait des courses… Dépêchons-nous, voyons.

Enfin, le docteur Linguaux prend son temps pour me recoudre. Je comprendrai plus tard les séquelles inévitables que m'aura infligées cet accouchement. J'avais toujours lu dans les romans que les accouchements au forceps étaient embêtants, sous le coup de l'anesthésie je ne vois pas bien de quel problème je vais devoir m'occuper, mais rapidement mon corps va se charger de me le faire découvrir.

Je me retrouve dans un état second, couchée dans ma chambre. Ma mère et ma belle-mère se relaient pour entretenir une conversation morne sur le sujet : « Mais tout va bien, madame la marquise, nous sommes tellement fières d'être grand-mères. » Grégoire, parti derrière le samu, revient avec un polaroïd de Victoire. Un petit bonnet blanc, une couveuse qui fait des reflets, deux bras minuscules qui s'agitent en l'air. Mon enfant est loin de moi. Je me sens vide, les bras vides. Je m'endors, shootée par les calmants, avec le polaroïd à côté de moi sur ma table de nuit.

✳ ✳ ✳

Le lendemain matin, à 9 heures, Grégoire débarque dans la chambre de la clinique. Je suis étonnée de le voir arriver si tôt.

25

Je comprends en l'espace d'un éclair qu'il y a un problème. Victoire ne va pas bien. Enfin, on me dit la vérité… Bref, ce n'est pas le moment d'en débattre. Victoire a commencé à faire des convulsions cérébrales à 5 heures du matin et les médecins ont beau lui donner du Rivotril, ils n'arrivent pas à les faire cesser. Ils vont donc la plonger dans un coma thérapeutique pour protéger son cerveau. Si je le veux, c'est le moment d'aller à l'hôpital la voir.

En cinq minutes, me voilà habillée, dans l'ascenseur avec mon mari. En arrivant dans le hall de la clinique, je vois mes parents et mes beaux-parents en rang d'oignons sur la banquette de l'accueil, et là, je commence à comprendre que nous avons un sérieux problème. Et pourtant je reste de marbre, nageant en plein cauchemar. Je marche vite, collée contre mon mari. J'ai eu un accouchement tellement difficile que je ne devrais pas être debout. Mais les médecins se sont enfin décidés à lever le voile enjôleur du « Tout va bien, madame la marquise » et je dois faire face.

Mon esprit, curieusement, se vide. Je coupe les canaux comme je sais si bien le faire. La tête d'un côté pour décider de l'action immédiate qui va suivre. Le cœur enfoui au fond de ma poche pour bien étouffer toutes les émotions que je pourrais ressentir. Et mon corps, on verra plus tard. Ce n'est pas moi le problème. Je fais juste face. Je monte dans notre voiture… Toujours aussi raides, les Golf Volkswagen. Les kilomètres du périphérique s'envolent sous un soleil de plomb et je découvre la façade hideuse de l'Institut de puériculture. Les boulevards extérieurs n'ont jamais été un endroit par lequel je passe fréquemment. La façade en briques sales de l'Institut de puériculture me domine et m'écrase déjà dans le silence assourdissant de ce dimanche matin.

Quatrième étage. Service de soins intensifs. Le docteur Lachapelle me reçoit dans son bureau. Il a déjà expliqué trois fois la situation à mon mari, mon père et mon beau-père mais je suis la mère et c'est moi leur principale alliée dans la bataille que ma fille va mener pour vivre. Ah bon ? En quoi puis-je aider ? Je me sens soudain très seule devant le bureau du docteur, qui commence à m'expliquer ce qui se passe. Grégoire s'est installé en retrait, sur une chaise. Pourquoi n'est-il pas avec moi, à côté de moi ?

Je suis seule en première ligne lorsque j'apprends que l'heure est grave. Victoire est dans un état d'épuisement avancé. L'arrêt cardiaque qu'elle a eu pendant l'accouchement a été très long et ses organes ont été touchés. Même si les poumons vont repartir, le pancréas semble en mauvais état et reste à surveiller. Restent les convulsions cérébrales. Le docteur Lachapelle m'explique l'origine neurologique des convulsions, comment ils les ont détectées chez Victoire et pourquoi le fait qu'elles se prolongent ainsi devient à chaque heure plus grave.

Aussi, quand le docteur Lachapelle nous explique que la meilleure option est de plonger notre fille dans un coma artificiel, pour éviter que sa vie commence dans la souffrance, Grégoire et moi sommes tous les deux soulagés et convaincus que cette option est la meilleure, que nous œuvrons pour le meilleur confort de notre bébé. Je ressors du bureau assommée. Selon le docteur, la seule chose que je puisse faire est d'être présente, de donner mon lait à Victoire, de lui parler, de la soutenir dans cette lutte pour la vie. Je marche hébétée dans le long couloir bleu. Les circonstances sont préoccupantes mais il faut se battre, lutter et le docteur est là avec nous, et avec toute son équipe, pour aider Victoire à s'en sortir.

Le docteur Lachapelle et Paco m'accompagnent. Ce sont eux qui ont pris en charge Victoire et ils ne la lâchent pas. Elle a bien dormi jusqu'à 5 heures du matin, et là, problème, elle s'est mise à convulser. Les convulsions ne s'arrêtant pas, ils ont pris la décision de la plonger dans le coma de façon à ne pas la faire souffrir. Mais elle mange, elle m'entend et elle me sent. Je rentre dans une pièce toute bleue dans laquelle sont disposées six couveuses. Dans la première à gauche je découvre ma fille. On m'approche un tabouret en métal jaune pour que je sois à moitié debout à moitié assise, à la hauteur de la couveuse. Je glisse ma main dans une des chaussettes de la couveuse et vais à la rencontre de la petite main de mon bébé.

Bonjour Victoire, c'est maman.

Une bataille de plus

Au cours de la semaine suivante, chaque matin, nous retournons à l'hôpital. Le réveil sonne à 7 heures. Comme des automates, Grégoire et moi nous réveillons, la tête lourde de somnifères et d'alcool. Dans une grande intimité, malgré la présence dans l'appartement de mes parents, auxquels j'ai demandé de rester pour l'instant, nous prenons un café tous les deux. Cela nous laisse le temps de nous réveiller, le temps de profiter un peu l'un de l'autre aussi, et surtout le temps de revenir à l'horrible réalité : Victoire nous attend à l'hôpital. Alors, comme si nous partions à un entraînement pour « bons parents », nous nous habillons et nous précipitons boulevard Brune.

Dans les travaux du tramway parisien, les bouchons du matin, nous voyons défiler le périphérique sous nos yeux hébétés. Grégoire conduit, je m'enfonce dans le siège baquet à côté. Je suis tellement fatiguée que je ne sais plus si mon dos tient le siège de la voiture ou si le siège tient mon dos. La radio égrène les catastrophes du monde, la voix de Jean-Luc Delarue, pour une fois, ne réussit pas à nous donner la pêche. Derrière mes lunettes de soleil, je contemple Paris sans la moindre émotion, sans la moindre réaction.

Comme chaque matin depuis que j'ai accouché, il fait beau. Et comme chaque matin, à 8 heures pétantes, nous nous enfournons dans ce noir bâtiment de briques salies par la pollution qu'est l'Institut de puériculture. C'est devenu un rituel, une danse sacrée. Nous arrivons dans le service, passons par le sas de stérilisation et, munis de nos charlottes, de nos blouses de cosmonautes, de nos masques et de nos surchaussures, nous entrons dans la salle des couveuses, où cinquante petites vies battent à l'unisson de leurs pacemakers, respirateurs et autres machines médicales. Ni vu ni connu, derrière l'horrible mur de briques noircies, se cache ici le service de réanimation néonatale le plus pointu de France. Chaque matin, mes premiers pas dans ce lieu m'arrachent quelques sanglots. Est-ce l'émotion de me retrouver ainsi au cœur de la bataille pour la vie ? Ou bien le désespoir de commencer ainsi ma vie de jeune maman ?

Paco, du haut de son mètre quatre-vingt-quinze, vient nous voir et se penche légèrement vers nous, pour nous parler tout doucement. Cette petite voix tendre contraste étrangement avec ses épaules de demi de mêlée, et son air sombre de Basque à la chevelure noire et au teint mat. Chaque fois qu'il prend Victoire dans ses bras – ou plutôt devrais-je dire dans ses mains tellement elles sont énormes – en me disant « non, non, ne bougez pas, je vais lui changer sa couche », j'ai un moment d'appréhension en voyant cette grosse masse qui veut s'occuper de mon bébé. Puis, finalement, la douceur qui se dégage de chacun de ses gestes nous rassure toutes les deux, mère et fille. Paco arrive à nous réconforter, Paco arrive à nous convaincre que oui, elle mange bien et qu'elle aime le lait de sa maman, puisque le bon Dieu et la nature me permettent d'avoir du lait en abondance, et que oui, elle reprend des forces chaque jour. Et Paco arrive chaque soir à nous renvoyer, l'esprit à peu près tranquille, vers cet appartement qui aurait déjà dû nous accueillir tous les trois.

Le docteur Lachapelle, lui, est complètement différent. Grand, maigre, abrité derrière de grosses lunettes qui lui mangent le visage, il est néanmoins d'une extrême douceur. Je le soupçonne d'être un grand sensible, tant il semble se réfugier derrière les faits, les chiffres, le « tableau clinique », comme il le nomme. Victoire n'est pas pour autant un numéro, non, mais c'est un cas. Il veut la sauver et nous comprenons bien quand il nous parle que tous ses neurones sont en action pour atteindre cet unique objectif. Lui aussi nous inspire confiance. Paco est garant du confort de Victoire et de sa petite vie au jour le jour, et le docteur Lachapelle est en charge de sa santé. Examens, vitamines, nourriture, calmants, il fait en sorte qu'elle aille le mieux possible et soit prise en charge dans les meilleures conditions.

Aussi, quand le soir il nous voit, dans la salle, debout mais n'osant pas partir, nous regardant Grégoire et moi l'air désespéré au-dessus de notre couveuse, n'hésite-t-il jamais à sortir de la salle de staff, à prendre le relais de Paco et à nous raccompagner lui-même jusqu'au vestiaire. Tout va bien se passer. Ils sont là pour veiller sur Victoire. Il nous appelle s'il se passe quoi que ce soit. Et c'est ainsi que chaque soir nous partons, laissant Victoire au milieu des couveuses dans cet univers de science-fiction qui bipe, renvoyant des lumières bleues, vertes, jaunes et rouges.

* * *

Dès le deuxième jour d'hospitalisation de Victoire, et devant la mine sombre du docteur Lachapelle, ma première pensée est de faire baptiser Victoire. Si l'on doit se battre, autant mettre toutes les chances de notre côté. Ne nous privons pas de la protection de Dieu, si elle peut servir à quelque chose… Il ne nous reste plus que ça, prier. Cela fait bien quinze ans que je ne mets plus les pieds à l'église hormis pour les fêtes de famille, quinze ans que ma foi s'est émoussée face à l'incompréhension du curé à qui je confessais mes doutes sur la religion. Pourtant, il me semble absolument vital que Victoire soit accueillie parmi les enfants de Dieu. Malheureusement je n'ai pas le temps de m'en occuper. Ma fille a besoin de moi toute la journée, je ne peux pas téléphoner depuis les salles de réanimation et quand bien même, accaparée par l'état de ma fille, je risque de ne pas apporter grand-chose à cette entreprise. Je dois donc trouver de l'aide.

Sainte Eugénie, ma sœur, marraine de Victoire et toujours fidèle au poste quand le bateau prend l'eau, mobilise toute son énergie. Elle entreprend de faire le tour des paroisses de Paris, mais se heurte rapidement aux difficultés : « Hormis le saint sacrement, on ne donne rien d'autre dans les hôpitaux, madame. La bénédiction des malades ? L'extrême-onction ? » Les grenouilles de bénitier qui assurent la permanence téléphonique des paroisses semblent sourdes à notre demande. À moins que ce ne soit nous qui formulions un souhait incongru. Bref, après deux jours de recherche intensive, le constat est clair : personne parmi les hommes de Dieu ne veut venir baptiser Victoire à l'hôpital.

Cependant, après de nouvelles recherches auprès des écoles privées, nous finissons enfin par trouver le père Vetu, qui après exposition des faits accepte de venir baptiser Victoire à l'Institut de puériculture. La cérémonie est prévue deux jours plus tard. Je me sens apaisée. Victoire va être baptisée, elle aura une protection supplémentaire dans ce combat pour la vie qu'elle mène et j'aurai accompli mon devoir de mère : faire tout mon possible pour ma fille, quelle que soit l'issue de la bataille.

Quand le père Vetu arrive à l'hôpital, il est accompagné de ma sœur, qui le guide. Aucun autre membre de la famille que les parents, la marraine et le parrain ne peut assister au baptême, conformément aux contraintes strictes des services de réanimation et à la nécessité de protéger ces petits corps des moindres microbes. Les deux familles sont regroupées dans l'accueil de l'hôpital. Grégoire emmène son frère Guillaume s'habiller.

Je retrouve le père Vetu dans le sas de stérilisation où Paco et le docteur Lachapelle lui expliquent déjà la façon de procéder au lavage des mains. Pour ce faire, le père Vetu leur remet naturellement ses « outils de travail ». Paco accueille la Bible dans ses grosses mains, qu'il joint spontanément, comme s'il recevait une hostie. Je devine instantanément à son air le passé d'enfant de chœur de ce grand escogriffe qui se dandine d'un pied sur l'autre, comme s'il avait peur de faire tomber le précieux ouvrage, que ses mains recouvrent entièrement à présent. Le docteur Lachapelle, lui, hérite d'une fiole d'eau bénite et d'une petite boîte en bronze surmontée d'une croix. Tous deux, généralement grands et forts face à l'adversité, semblent soudain démunis, ne sachant plus comment continuer. Le père Vetu les réveille : « Ça y est, je me suis lavé les mains. » Le docteur Lachapelle, embarrassé, l'interroge sur le contenu de la fiole. Le père Vetu lui répond qu'il s'agit de son eau du Jourdain, ramenée de son dernier voyage en Israël. Le docteur Lachapelle doit lui-même être juif. Je vois son visage se détendre. L'eau du Jourdain ne peut être que stérile et pure…

« Bon, on va se contenter de désinfecter l'extérieur. Et votre boîte, mon père ? Excusez-nous, mais les baptêmes ne sont pas si fréquents dans cet hôpital…

— Je comprends, mon fils. Il s'agit du saint chrême. Voilà, n'hésitez pas à bien désinfecter l'extérieur de cette petite boîte. C'est du cuivre, elle en a vu d'autres. »

Il ne reste que la Bible, au cuir usé par le soleil, par les mains qui l'ont sans cesse parcourue et les centaines de messes et de prières que le père Vetu a déjà dû prononcer dans son office. Paco tend la Bible à l'examen du docteur Lachapelle, qui regarde ce dernier objet, effaré, laissant échapper un « quoi encore ?! ». Je reste silencieuse mais je sens bien que Paco et le médecin sont aussi émus que nous. Le docteur Lachapelle semble déjà regretter sa folie d'avoir accepté d'organiser le baptême dans le service, alors que Victoire ne peut pas se passer ne serait-ce que dix minutes des machines qui l'aident à survivre.

Énervé, jetant ses mains en l'air, il conclut la cérémonie de la stérilisation en murmurant :

« Une bible, ce ne peut être que saint et stérile, que voulez-vous qu'on fasse à une bible ! Elle ne peut pas apporter des microbes dans le service, après tout ! »

Malgré l'émotion de l'instant, de l'occasion, la bonne volonté de chacun arrive à évacuer tout spectre de stress, d'angoisse et cela me fait beaucoup de bien de vivre ce moment simplement dans la douceur. La séance de stérilisation terminée, nous pénétrons dans le fameux couloir où les salles de couveuses se succèdent. Nous avançons vers la petite salle où, pour plus d'intimité, Victoire a été transportée dans la nuit. Guillaume et Grégoire sont déjà auprès de ma fille, Guillaume le visage ravagé par la tranche de vie balbutiante qu'il vient de découvrir et dont il avait réussi jusqu'ici à se préserver. Le parrain et la marraine se disent à peine bonjour, tellement l'émotion monte d'un coup autour de la couveuse de ma chérie. Le père Vetu salue tout le monde, puis il s'approche tout doucement de la couveuse. Paco et le docteur Lachapelle ouvrent la couveuse et arrêtent les alarmes pour que nous ayons quelques minutes de silence. Puis Paco me glisse que s'il y a le moindre problème, je peux le trouver dehors, dans le couloir.

Dès que Paco et le docteur Lachapelle sont sortis, le père Vetu s'approche de Victoire, lui prend la main et lui parle d'une voix toute douce :

« Bonjour Victoire, je m'appelle père Vetu et je suis venu aujourd'hui pour te baptiser. Tu vois, ton papa et ta maman sont là, de même que ton parrain et ta marraine. Je suis venu pour te faire rentrer dans la communauté des enfants de Dieu. N'aie pas peur, je vais tout à l'heure te mouiller un petit peu la tête et puis te mettre une crème sur le front pour te bénir. »

Il lui explique tout doucement le déroulement de la cérémonie comme s'il parlait à n'importe quel petit enfant. Ses paroles sont sans aucun doute banales mais elles m'apaisent. J'ai l'impression que nous avons enfin droit à un petit bout de vie normale et la venue du père Vetu, même déguisé dans un accoutrement inhabituel pour un baptême, m'apporte tout le réconfort et la protection dont j'ai besoin. Moi qui ai tant pesté contre ces prêtres endoctrinés qui ne répondent à aucune question et ne voulaient dans mon enfance ouvrir aucun débat, je reprends le chemin de la foi et prie avec lui de tout mon cœur. Nous sommes tous les quatre debout autour de la couveuse ouverte de Victoire. Eugénie lutte pour retenir ses larmes. Je la connais, ma sœur, à force. Elle fait tout pour ne pas pleurer en public mais, lorsqu'elle est émue, son maquillage coule légèrement…

Victoire dort paisiblement les bras relevés de chaque côté de sa tête et les mains ouvertes comme si elle aussi était apaisée par les douces paroles du père Vetu. À l'invitation du prêtre, nous chantons d'une voix hésitante, mêlée de sanglots et d'émotions :

Comme un souffle fragile, ta parole se donne

Comme un vase d'argile, ton amour nous façonne

Ta parole est murmure, comme un secret d'amour

Ta parole est blessure qui nous ouvre le jour.

Je ne me serais jamais imaginée aussi bigote. Mais ce chant que je connais depuis ma jeunesse me réconforte. Et comme nous le connaissons tous, nos voix à l'unisson en murmurent les paroles à travers nos sanglots.

Puis le père Vetu demande si quelqu'un a une médaille, j'en sors une de ma poche. Il est hors de question bien sûr que nous passions à Victoire une chaîne autour du cou. Cela pourrait meurtrir sa peau fragile de bébé malade, mais une minuscule épingle à nourrice dorée accompagne la médaille. Je la tends au père Vetu qui nous demande si nous souhaitons faire bénir d'autres objets. Eugénie lui tend alors un boîtier dans lequel je découvre un petit bracelet en or sur lequel se succèdent, à intervalles réguliers, des perles blanches et roses. La délicatesse du bijou m'émeut autant que l'attention de ma sœur, toujours présente, qui ne parle pas beaucoup mais compatit pleinement à ce que nous vivons et montre malgré l'hôpital, malgré les contraintes qui l'ont empêchée, elle aussi jusqu'à maintenant, de voir sa filleule, combien elle la porte dans son cœur.

Ce baptême devrait être une joie effectivement. Nous avons tous le mouchoir à la main, la voix pleine de sanglots et les épaules tremblotantes. Peut-être ai-je tort d'avoir voulu précipiter cette cérémonie. Je nous prive peut-être d'une belle fête à l'occasion du baptême de notre premier enfant. Mais aujourd'hui, la fête, je m'en fiche. Seuls comptent la valeur de la bénédiction et le fait que Victoire puisse bénéficier de la protection de Dieu.

Malgré son respirateur et sa sonde, j'ai l'impression que Victoire esquisse un sourire de contentement quand le père

Vetu lui verse quelques gouttes de l'eau du Jourdain sur le front. De la même façon, quand il lui bénit le front avec le saint chrême, elle écarte les bras. Réflexe ou message, Victoire semble accueillir avec bonheur cette bénédiction. Cela me réconforte, je ne me suis pas trompée. Ces réactions nous arrachent, à tous, un sourire. À présent nous pouvons nous battre en toute confiance, toutes les armes sont dans nos mains.

✳ ✳ ✳

Chaque matin, dès que nous avons longé le couloir bleu et que nous approchons de la salle où se situe la couveuse de Victoire, Paco se précipite dans l'entrée pour nous accueillir et nous faire le compte rendu de la nuit. Ces comptes rendus qui se succèdent sont toujours désespérants de positivisme et de répétition : « Victoire a bien dormi. » Se moque-t-il de nous ? Évidemment qu'elle a bien dormi puisqu'elle est dans le coma. Pourrait-il en être autrement ? Mais alors, que pourrait-il se passer de pire que des convulsions cérébrales permanentes ? La question ne me taraude pas longtemps. Je suis tellement abasourdie par ce que nous vivons, par cette naissance qui ne s'est pas du tout passée comme je l'avais imaginé que je n'arrive plus à réagir.

Chaque matin Paco m'aide à débrancher le respirateur, sort Victoire de sa couveuse, l'installe dans mes bras, puis la rebranche. Et chaque matin je retrouve mon bébé, qui se love contre mon ventre, attrape mon index pour le serrer très fort avec sa petite menotte et esquisse, du moins en ai-je l'impression, un sourire de contentement malgré son respirateur. Ma fille est entre la vie et la mort mais je vis ces moments avec un grand bonheur. Serrer Victoire contre moi me donne l'impression de retrouver cet état fusionnel que nous partagions pendant la grossesse. Laissez-moi tranquille, tous, laissez-moi profiter de ma fille, de notre lien unique, de cette douceur qui chaque jour recommence et nous enveloppe toutes les deux.

Les journées filent à toute vitesse, je me balance sans cesse dans le rocking-chair en chantonnant *Douce Nuit*. De la même façon que je ne me suis pas préparée pour mon mariage et me suis contentée d'arriver comme une invitée avec une robe un peu plus belle que celles des autres, je ne me suis pas préparée pour jouer mon rôle de mère. Non, je n'ai pas acheté les livres de Laurence Pernoud, je ne sais pas par cœur la façon dont vont se dérouler les six premiers mois de la vie de mon enfant. Je ne connais par conséquent aucune berceuse. Pourtant la musique, le chant, me semble le seul mode de communication possible avec Victoire. Bien sûr je parle aussi à mon bébé, je lui murmure des mots doux mais comme une mélopée du bassin méditerranéen, je ressens le besoin profond, animal presque, de la bercer de chansons. Et toute la journée, d'une voix grave qui monte de mon ventre déchiré, je répète inlassablement *Douce Nuit*, la seule berceuse qui me vient à l'esprit.

Ces moments m'apportent paradoxalement un profond sentiment de bonheur. Je me retrouve avec mon bébé sur mon ventre, dans une bulle de sérénité et de calme. Nous sommes toutes les deux, tranquilles, personne ne vient nous déranger. Grégoire lui tient l'autre main, ou se contente de nous regarder, ou va et vient. Nous sommes bien, nous nous sentons protégés.

Victoire va se remettre, c'est une question de temps, d'amour et justement l'amour, nous essayons de le lui transmettre le plus intensément possible. Je ne quitte Victoire que pour aller au lactarium tirer mon lait ou pour qu'elle puisse manger. Soit Grégoire prend le relais, soit nous la laissons faire la sieste une petite demi-heure. Elle boit, la miss. Cela nous fait au moins un point positif. Elle boit, elle ne vomit pas, elle apprécie mon lait, le lait de sa maman.

Malgré tous les tuyaux, tous les moniteurs qui suivent patiemment l'activité de son cœur, nous nous retrouvons mère et fille en tête à tête. J'ai beau avoir mon corps déchiré, j'oublie tout. J'ai beau avoir du mal à mettre un pied devant l'autre, assise avec ma fille au creux de mes bras, j'oublie mes propres souffrances, touchée par le miracle de la maternité. Mon bébé joufflu, toute blonde avec ton double menton typique des de Chevo. Ton père ne pourra pas te renier. J'aimerais tant que tu ouvres tes petits yeux bleus qui, paraît-il, sont si profonds. Tu es trop fatiguée, encore, ce n'est pas grave, je vais attendre. Viens dormir contre mon sein, viens tout contre moi profiter de ma chaleur et de mon odeur.

Jour après jour, je suis habitée par une seule force, tout faire pour que ma fille soit bien. Malgré quelques moments d'abattement, j'agis en bon petit soldat. Il faut du lait pour Victoire ? Pas de souci, docteur Lachapelle. Je me rends au lactarium deux fois par jour pour tirer mon lait. J'en ai tellement que j'en donne plus de la moitié pour les autres bébés de l'hôpital. Il faut que nous rentrions dormir le soir après avoir passé près de douze heures au chevet de Victoire ? Pas de souci, Paco, nous rentrons, oui, nous allons la laisser dormir, notre Victoire. À force de la bercer et de la caresser toute la journée, nous devons la fatiguer, notre chérie. Et nous partons, laissant notre petit bout dans sa couveuse, bras dessus bras dessous, Grégoire et moi, pour affronter l'horrible réalité de l'extérieur. La vraie vie. Notre existence semble rythmée par une pendule. Douze heures penchés au-dessus de notre petit bout d'amour, attentifs. Douze heures seuls dans notre lit au milieu du salon. J'ai convaincu mes parents de prendre notre chambre, afin, soi-disant, de parer à mes possibles insomnies.

Paco me suggère de laisser près de Victoire quelques éléments qui lui rappellent sa maman et fassent de sa couveuse non pas une bulle de plastique stérilisée mais son petit univers à elle. Je retrouve dans mes tiroirs de vieux mouchoirs en fil ou en popeline, tout doux, à la trame presque à jour et au chiffre usé par le temps. C'est ma grand-mère qui m'avait donné ces mouchoirs. L'un est assez masculin, blanc bordé d'un bleu marine un peu passé avec un jour droit qui porte le chiffre de mon arrière-grand-père, Paul Aymard. L'autre est une popeline parsemée de pois de différentes couleurs, pastel, vert anis, bleu, orange et rose. Celui-là porte le chiffre de mon arrière-grand-mère, Jeanne Penaud. Ils n'ont rien d'exceptionnel, ces mouchoirs, j'aurais pu choisir de la belle dentelle ou des broderies plus fines de roses par exemple mais, dès que je les ai touchés dans mon tiroir, j'ai su que ce seraient ceux-là. Ils sont simples, mais tout doux avec des chiffres usés par un siècle de larmes qui, dès ses premiers jours, inscrivent Victoire dans la lignée des femmes de ma famille. Je porte ces mouchoirs contre mon sein pendant une journée pour qu'ils s'imprègnent de mon odeur. Et Victoire est si petite dans sa couveuse qu'un mouchoir suffit pour lui servir de drap. Je lui en dispose un autre sous la tête, ainsi est-elle au moins dans un univers qui nous appartient, à elle et moi.

De même Paco dans sa rudesse de Basque espagnol me passe commande pour un doudou. Un doudou dans une couveuse ? Pas très stérile tout ça, mais j'ai l'impression qu'on s'en fiche un peu, de la stérilité. Ce qui compte, c'est surtout le moral de Victoire, sa volonté de lutter, de se battre, de sentir les siens proches d'elle. Je trouve un minuscule nounours qui m'avait été offert dans une parfumerie. Une petite peluche violette, qui devient le doudou de Victoire. Elle le sent près d'elle et parfois elle s'endort la main posée sur lui. J'espère qu'elle se sent moins seule… Parmi ses nombreux compagnons de survie, au milieu des machines qui troublent méthodiquement le silence de leur sommeil.

Je pleure parfois – jamais devant ma fille – dans le vestiaire quand je suis en train de m'habiller le matin. Souvent, une infirmière me porte un mouchoir et m'offre son épaule, juste pour que je continue à pleurer, « parce que ça fait du bien ». L'appréhension de retrouver mon enfant, l'appréhension de retourner dans cet univers si difficile, si intense, l'appréhension de l'après aussi. Est-ce à cela que va se résumer notre vie de parents ? Est-ce à cela que va se résumer la vie de Victoire ? Comment est-ce que ça va changer ? Quand ? Que va-t-il se passer ? Comment font-ils, tous ces médecins, toutes ces infirmières et infirmiers, pour tenir, résister, travailler jour après jour dans ce combat pour la vie ? Combien d'enfants arrivent-ils à sauver ? Je m'effondre sur les bancs du vestiaire, toute seule, à l'abri des regards. Cela fait quatre jours à présent que Victoire est plongée dans le coma.

Au revoir, ma chérie

Le cinquième jour, un mercredi, les médecins nous informent, Grégoire et moi, qu'il est temps de reparler de l'état de Victoire. Nous entrons donc dans l'hôpital, flanqués de nos deux pères. Grégoire autant que moi avons du mal à nous faire entendre dans nos familles, à diffuser une information, sans être accusés d'exagérer, d'amplifier, de déformer la réalité. Et nous n'avons pas envie de devoir affronter ces réactions une fois encore dans un moment aussi dramatique. C'est pourquoi nous contraignons nos deux pères à nous suivre comme s'ils étaient nos gardes du corps. Au moins, nos deux familles seront informées par les personnes qui en sont les plus importantes et nous nous épargnerons ces sempiternelles accusations inutiles et tellement blessantes…

Le professeur Villars nous emmène très gentiment dans une salle de réunion, affreusement grise avec des tables beiges, sans aucun doute la salle de staf de son service. Nous nous rassemblons sur un des coins des tables disposées dans la salle en rectangle. Et là, le professeur, entouré de son chef de service et des deux internes qui suivent le dossier de notre bébé, pose ses yeux bleus et tendres sur nous avant de nous annoncer avec la plus grande douceur que notre fille va mourir. De façon irrémédiable. Quand ? Cela, en revanche, c'est imprévisible, mais imminent.

Cette enfant que je serre contre moi, que je nourris de mon sein, à qui je chante depuis des jours et des jours *Douce Nuit* sans m'arrêter, je n'aurai pas réussi à la sauver. Moi sa mère, mon sein n'aura pas suffi. Nous nous retrouvons impuissants, face à l'annonce et à la réalité implacable des examens médicaux que les équipes ont pratiqués la veille. Le cerveau de Victoire est en train de se détruire petit à petit. Cette destruction va s'accélérer et l'issue sera irrémédiable. Le cœur et la respiration s'arrêteront.

En sortant de cette réunion, il est midi moins le quart. Grégoire et moi, nous nous sentons incapables de rejoindre immédiatement notre fille. J'ai besoin de prendre l'air, de voir le soleil et le ciel qui ne pénètrent jamais derrière ces murs épais de briques éclairés uniquement par la lumière artificielle des nombreuses couveuses et des néons. Vite, de l'air. Je ne sais pas ce que ressent Grégoire, il me semble déjà loin, perclus et noyé dans son chagrin et son abattement devant le « coup du sort », l'acharnement du destin. Je passe instinctivement en mode survie. Je me sens seule, je suis seule. Grégoire fuit mon regard dès que nos yeux se croisent, papa au contraire me soutient vaillamment.

Nous fonçons dans le bistrot en face de l'hôpital. Me passe par l'esprit le fait qu'il y a toujours des cafés en face des hôpitaux et qu'ils doivent tous abriter ô combien de peines et de joies, de désespoirs devant une vie qui se termine et de soulagements devant une vie qui est sauvée. Le patron du café vient prendre notre commande, il doit imaginer tout de suite, en apercevant nos mines, ce qui se passe. Deux cafés, pour nos deux pères, un double whisky pour Grégoire et un bloody mary pour moi. Et papa me donne mon premier Xanax. À partir de ce moment-là, notre régime sera le même tous les jours. Dès 11 h 30 du matin, bloody mary et Xanax pour moi, double whisky sans glace pour Grégoire et aussi un Xanax.

Une fois l'effroi de l'annonce un peu passé, une fois mes poumons remplis à nouveau de l'odeur du bitume parisien, une fois mon cœur et mon cerveau anesthésiés par les vapeurs du gin et de la vodka, je retrouve subitement l'envie de serrer ma fille contre moi et nous rentrons à l'hôpital, vaillants comme des guerriers partant sur le champ de bataille. Notre devoir de parents nous attend. Nous aurions bien aimé, je crois, un autre destin ou une autre histoire, mais là, nous n'avons pas le choix. Notre vie des jours qui viennent consiste bien à accompagner notre fille vers la mort.

✳ ✳ ✳

Quand je la prends à nouveau dans mes bras ce jour-là, j'ai l'énergie du désespoir pour la couvrir de tendresse. L'équipe a déménagé sa couveuse dans une chambre à part, pour que nous soyons plus tranquilles. Pour épargner aussi sans aucun doute les autres parents du triste spectacle de cette petite vie qui s'envole, alors qu'à chaque couveuse est mené avec l'énergie de l'espoir un nouveau combat chaque jour. Je retrouve mon fauteuil rocking-chair et je reprends comme une ritournelle cette berceuse qui me poursuit et qui en réalité est la seule, absolument la seule qui me vienne à l'esprit en ces jours si tendus.

Je réalise que nous n'avons pas pris une seule photo de notre fille. Elle est si jolie avec ses cheveux blonds, son crâne tout rond, ses yeux finement dessinés, ses joues rebondies et son double menton, caractéristique de ma belle-famille et de la branche anglaise… Victoire, notre victoire tant désirée, tant souhaitée, tant attendue, tu vas nous laisser vaincus sur notre champ de bataille à nous pour t'envoler vers des contrées plus douces. Dors, Victoire, repose-toi. Sa petite main s'agrippe à mon index quand je lui parle et au fur et à mesure que je la berce se détend petit à petit. Sa tête se fait plus lourde, ma fille dort et se laisse aller contre sa maman.

Nous ne sommes pas doués pour les photos. Ce n'est pas un réflexe chez nous et, alors que l'ère des appareils numériques a déjà largement commencé, nous avons toujours le vieux Reflex que la grand-mère de Grégoire nous a offert pour nos fiançailles. Grégoire essaie de prendre un cliché avec l'appareil que lui prête ma sœur. La photo est affreuse. L'environnement de la chambre de Victoire est aussi triste qu'une salle de soins intensifs, avec le carrelage, le bleu hôpital, les tuyaux qui sortent de partout, les machines qui surveillent son petit souffle de vie. Sans parler de la lumière blanche qui nous tombe dessus ni des tremblements qui habitent les mains de Grégoire dès que celui-ci essaie de porter son œil derrière l'objectif. J'ai envie d'avoir une photo de Victoire mais nous avons besoin d'aide. Zac, mon Zac préféré, lui qui adore faire des photos, je vais lui demander.

✳ ✳ ✳

Au téléphone, je ne peux m'empêcher d'expliquer à Zac en quoi ma démarche est spéciale. Victoire va mourir. Nous ne savons pas quand exactement. J'ai envie de garder une photo d'elle. Ma gorge est serrée quand je lui parle au téléphone. Je ne peux m'empêcher de dire les choses mais mes phrases sont courtes, plus tranchantes que je ne le voudrais. Je ne sais pas enjoliver la réalité ni adoucir les faits. L'émotion de Zac à l'autre bout du fil est encore plus perceptible. Je sais que je lui assène un coup sur la tête. Je le plonge dans un drame qui n'est pas le sien et dont il n'a pas voulu. Pourtant il dit oui tout de suite. Je suis très émue de sa réponse immédiate et du ton chaleureux de sa voix : « Oui, évidemment. » Rendez-vous est pris pour le lendemain matin. J'espère secrètement que Victoire tiendra jusque-là.

Le lendemain, curieusement, Grégoire se défausse :

« Non, non je ne viens pas, je vous laisse entre vous. »

Je suis très étonnée par cette fuite et ce prétexte. Quel besoin a-t-il de nous laisser entre nous ? Je sais bien que Zac a été mon meilleur copain d'école, mon témoin de mariage, mais enfin, pourquoi Grégoire ne veut-il pas venir ? Je crois que secrètement Grégoire n'en peut plus de passer ses journées à l'hôpital. Il vient autant pour me soutenir moi que pour voir notre bébé. Et je crois aussi que maintenant que Victoire va mourir, il essaie déjà de s'en détacher.

Je passe prendre Zac en voiture chez lui et l'emmène dans l'antre tant redouté. Il a préparé tout son matériel de photographe et prend visiblement sa mission très au sérieux. Je connaissais sa passion, étant donné les photos qu'il m'avait montrées quand il était rentré de ses voyages en Birmanie et en Inde mais je n'imaginais pas son professionnalisme. À matériel de professionnel, sacs de professionnel, le coffre de notre chère Golf Volkswagen suffit à peine.

Comme chaque matin quand j'arrive, Paco me fait le rapport de la nuit. Victoire va bien, elle se repose, elle ne souffre pas, elle m'attend. Nous pénétrons dans la chambre au fond de l'étage, et là je sens l'émotion étreindre Zac de tout son corps. Bien sûr, on n'imagine jamais ce que ça peut être. Bien sûr, il se retrouve tout ému devant ce petit être tout fragile qui lutte entre la vie et la mort.

Après quelques minutes de silence dont l'émotion m'étreint, Zac se retourne, saisit ses sacs de voyage et commence à installer les prises de vue. Il baisse les stores qui donnent sur le couloir, met un filtre sur l'ampoule qui pend au-dessus de la couveuse, repositionne la couveuse au milieu de la chambre pour pouvoir circuler autour. J'essaie de me faire toute petite me tenant dans un coin de la pièce sans bouger. Zac dégage une énergie pour la photographier qui me surprend. Photos en plongée, contre-plongée, il tourne, se met à genoux, monte sur une chaise. La scène pourrait paraître ridicule à toute personne qui rentrerait subitement dans la pièce mais j'apprécie sa volonté à prendre au mieux ma puce en photos. Pendant près de trente minutes, Zac mitraille.

Puis subitement il se retourne vers moi pour me dire :

« Bon, je vais vous photographier toutes les deux. Tu peux la prendre dans tes bras ? »

Je suis désemparée. Pour la première fois depuis trois semaines, je me sens moche, bouffie de larmes, pas coiffée, mal habillée.

« Allez, tu seras contente d'avoir une photo avec elle. »

Je m'approche de la couveuse, en ouvre le couvercle, caresse la main de Victoire, son front, la prends délicatement dans mes bras tout en faisant attention à ne pas tirer sur le respirateur.

Pendant ce temps-là, sans bruit, Zacharie mitraille. Nos doigts emmêlés, nos souffles rapprochés, ma joue contre sa joue, mes lèvres sur son front, sans bruit, son appareil photo saisit au vol ces instants absolus parce que derniers et fugitifs de notre duo mère-fille.

✳ ✳ ✳

Sachant que Victoire doit mourir, mon beau-père toujours dans l'action me persuade le vendredi matin d'aller consulter les pompes funèbres pour avancer le dossier. Avancer le dossier, je trouve cela extrêmement bizarre comme conception. Victoire n'est pas encore morte que, déjà, il faut l'enterrer. Pourquoi ne pas la jeter à la poubelle tant qu'on y est ? Et bien sûr, il ne peut pas me laisser organiser les obsèques avec ma famille à moi. Non, nous les paysans de la Lozère nous n'aurions peut-être pas assez d'argent pour payer, il fallait qu'il soit là pour avancer, vérifier qu'il n'y a pas de problème. À sa décharge, si je voulais que Victoire soit enterrée dans le Sud, il fallait bien qu'il vienne pour assurer le relais. La première tentative est un échec. J'ai docilement accepté de le suivre mais le téléphone sonne quand nous arrivons sur la place du Trocadéro.

Victoire est effectivement en train de mourir, il faut que je rentre.

J'arrive à temps. Victoire m'attend. Mon petit paquet de bonheur avec son double menton si caractéristique des de Chevo. Je la prends dans mes bras et la serre contre moi. Paco l'infirmier m'installe dans le fauteuil à bascule. Je suis là, avec Grégoire, pour accompagner ma fille dans ses derniers instants. Douce nuit, sainte nuit, enveloppe-nous pour nous emmener vers un monde meilleur privé de souffrances où seuls la tendresse et l'amour existent.

Victoire est dans le coma, un coma béni qui lui évite de souffrir. Pourtant elle est là avec moi, tout contre mon sein. Elle serre mon index et son petit corps tout chaud me parle avec amour. La scène ressemble malheureusement trop à nos séries préférées. Le docteur Lachapelle, le chef du service, est là. Pour nous soutenir et aussi sans aucun doute pour s'infliger le départ de ce bébé qu'il n'a pas pu sauver. Et puis aussi, sûrement, pour soutenir Paco, l'infirmier puériculteur qui s'est occupé de Victoire depuis son arrivée chez eux. Victoire, ouvre les yeux s'il te plaît, mon amour, ouvre-moi tes petits yeux que je voie une dernière fois le fond de ton âme. Tes jolis yeux bleus que je ne reverrai plus jamais.

Les alarmes se déclenchent peu à peu, Paco et le docteur Lachapelle les éteignent pour nous éviter le stress et le bruit de cette mort annoncée. Le petit corps de Victoire se déglingue au fur et à mesure. Les organes lâchent les uns après les autres jusqu'à ce que les poumons ne répondent plus et là c'est fini.

Mon bébé laisse échapper son dernier soupir. Et subitement c'est fini. Heure du décès, 12 h 25.

Le docteur Lachapelle et Paco me prennent Victoire pour la désintuber et lui faire une dernière toilette. Apparemment une hémorragie interne a accéléré sa fin. Ils l'habillent pour moi. Sa dernière tenue est prête. Toute blanche, amoureusement tricotée par Mamie Rosie, la vieille grand-mère espagnole de mes cousins, qui tricote de la layette au kilomètre de façon absolument étonnante. Victoire est prête. Petit bonnet au point mousse, petite brassière toute douce et petit pantalon qui lui permettent de rester au chaud. Je la reprends dans mes bras. Mon petit amour.

J'ai eu beau tenir très fort ma fille contre moi, lui chanter sa berceuse de tout mon cœur, j'ai l'impression de ne pas lui avoir dit au revoir. Elle n'a pas ouvert les yeux ainsi que de nombreuses pages de la littérature me l'auraient laissée penser. Je me sens seule, abandonnée. Grégoire est là mais lui aussi est malheureux et je n'ai pas envie de partager son chagrin. J'ai besoin d'air.

Douce nuit

Bien sûr, ma belle-mère, fidèle à elle-même, ne veut pas venir. Je ne la juge pas. Apparemment des expériences traumatisantes de sa jeunesse la rendent autiste dès qu'il s'agit de parler de la maladie, de l'hôpital et de la mort. C'est pourtant sa petite-fille, la première fille de son fils aîné, dont il s'agit aujourd'hui. Bon, tant pis. Bien sûr mon beau-père reste avec elle pour la soutenir. Seule ma mère vient. Rendre hommage à sa petite-fille, à ma fille, ma première fille. Maman en fait un peu trop, à son habitude, tellement elle a envie de me prouver combien Victoire compte et combien son passage trop court sur terre aura marqué les esprits. J'apprendrai ultérieurement que ma sœur aussi est venue. Alors que durant les deux jours qui ont suivi le décès de Victoire, ni mon mari ni moi n'avons ressenti le besoin d'aller à la morgue, de revoir notre fille, Eugénie est venue. Se recueillir, prendre soin de cette petite fille enveloppée dans son châle espagnol tout rose.

Je ne me souviens pas très bien des instants immédiats qui ont suivi la mort de Victoire. Je me souviens d'un irrésistible besoin de respirer, de prendre l'air. J'étais dans le brouillard le plus complet. Je passais au milieu des gens, au milieu de la famille et personne n'osait m'arrêter pour me parler, pour me prendre dans ses bras. C'est là que j'ai commencé à me sentir seule. Je faisais la réclame : « Qui veut venir voir Victoire ? Qui a envie de lui dire au revoir ? » Hormis ma mère et ma sœur, personne n'en a eu le courage. Notre petit bout d'amour que nous avions eu tant de mal à avoir, notre petit bout d'amour s'en était allé. Dieu avait rappelé Victoire à Lui, j'espère bien qu'Il l'a emmenée directement au paradis.

✱ ✱ ✱

Zacharie fait partie des premières personnes que j'appelle pour leur dire que Victoire est morte. Il aura été un des rares à avoir le courage de venir la voir vivante, avec en plus la douloureuse mission d'immortaliser à tout jamais son passage parmi nous. Quand il décroche, après son habituel « ça va ? » je l'assomme directement en lui lâchant l'information essentielle.

« Victoire est morte.

— Comment, déjà ?

— Oui, tout à l'heure, à midi vingt-cinq. »

Sa voix se brise, son souffle se fait court. C'est sans aucun doute la première fois qu'il photographiait quelqu'un promis à une mort très proche.

« J'étais en train de travailler sur les tirages. Je suis désolé.

— Moi aussi, Zac, je suis désolée de t'avoir demandé de venir la photographier.

— Non, ne dis pas ça. Ça me fait plaisir d'avoir pu faire ça pour toi. »

Zacharie fait partie des rares que j'appelle, en fin de compte. Incapable d'aller plus loin que ce premier coup de fil, j'arrête d'appeler mes amis. Je réglerai la gestion de l'information par mail, le dimanche soir à 17 heures, à la veille de l'enterrement.

* * *

Depuis que Victoire est morte, j'ai envie, besoin de m'habiller en noir. Je pense souvent à ce vers du poème de Verlaine : « *Il pleure dans mon cœur comme il pleut sur la ville* », et ça, j'ai envie de le dire au monde entier. Je dois, je veux porter le deuil. J'en ai besoin. Une fois de plus, de la même façon que j'osais exprimer il y a quelques heures à peine le désir d'enterrer ma fille face à la mer, ma demande est immédiatement prise en compte.

Dès le samedi après-midi, ma belle-sœur aux blonds cheveux et aux yeux bleus ainsi que ma sœur décident de prendre l'affaire en main et de refaire ma garde-robe. Bien sûr, je dois être là. L'entreprise devient donc affaire familiale, ma mère souhaitant se joindre à l'expédition à la fois pour veiller à ce que j'aie une tenue décente pour l'enterrement, garantir le bon financement de l'opération sans que j'aie en plus à affronter une carte refusée à la caisse pour m'acheter trois bouts de chiffon et enfin pour prendre soin de à ma santé. Après tout, je n'ai accouché qu'une semaine auparavant seulement et ma fille est morte hier.

Il fait encore beau et malgré la température qui descend, ce soleil m'éblouit comme les premiers rayons de février. Passy, premiers pas de ma vie parisienne qui me semble être une ruche sans fin, Zara est un théâtre dans lequel je me retrouve comme une extraterrestre. Je n'ai pas à marcher, ma belle-sœur et ma sœur volent comme des abeilles ouvrières pour me ramener modèles, imperméables, gilets, pulls et pantalons répondant au « cahier des charges ».

Toutes deux affichent une complicité et une énergie inhabituelles. Elles font tout pour me soutenir, m'épargnant le moindre effort. On est décidément toutes pareilles. D'une part, faire chauffer la carte bleue, quelle que soit la personne à qui elle appartient, nous soulage. D'autre part, jouer la poupée et rhabiller une tierce personne devient en cinq secondes un jeu d'enfant. Elles tournent, elles volent, se concertant, me proposant, m'aidant à essayer, me protégeant de leur rempart bienveillant contre les regards extérieurs, et elles décident. Maman est aussi sonnée que moi.

Ma fille est morte hier et je suis en train de shopper chez Zara. Indéniablement j'ai honte et, en même temps, il faut bien que je m'habille. Indéniablement, je me demande ce que je fais là et, en même temps, regarder ce spectacle quotidiennement renouvelé me permet d'oublier. Sans aucun doute est-ce dû aux ronds effluves du bloody mary de 11 heures mais je ne réagis même pas à l'absurdité de la situation et me laisse porter, entraîner, diriger.

Je crois que nous sommes toutes les quatre plongées dans une fureur de l'oubli. Oublier, alléger l'insoutenable du quotidien, se saouler de futilité. Nous avons des courses à faire, je n'ai plus rien à me mettre, notre quatuor détient enfin un excellent prétexte pour oublier l'horreur du quotidien et nous affairer dans notre liste de courses. Je surprends même ma sœur et ma belle-sœur à s'amuser dans cette scène de ruche où je pose comme une reine. Et je leur en suis profondément reconnaissante d'ailleurs.

Ne nous trompons pas, Zara n'est pas philanthrope à ce point dans sa mondialisation. En ce moment, je suis loin d'être longiligne… Cet accouchement m'a laissée dans un corps quasiment démantelé, détruit par les forceps, un corps vidé de sa maternité et sans amour à donner. Les 22 kg qui me restent de mon accouchement me pèsent physiquement et moralement. L'avantage de porter le deuil est qu'au moins, cela me permet de me planquer derrière mon paravent chinois. Bref, les 22 kg qui me restent de ma grossesse ne se logent pas dans tous les modèles de hauts. Nous ne repartons en fin de compte qu'avec un imperméable noir, que j'ai toujours, et un pantalon.

Notre périple s'enchaîne avec un magasin « spécial rondes » que je découvre, Alain Weiz je crois, où là, miracle, nous trouvons les tee-shirts idéaux dans leur négritude et les gilets élégants mais dignes qui me permettront d'assumer les « anti-festivités » qui nous occuperont la semaine prochaine. Quand je travaillais dans un temple de la mode, avant, avant que ma fille ne meure, le noir était quasiment un diktat. Un diktat à la Yamamoto, un diktat du bon goût, du chic de la rive gauche. Je n'avais pas les moyens à l'époque de refaire ma garde-robe en noir, gris, grège avec éventuellement, les trois semaines de printemps où il ne pleut pas, un petit peu de bleu marine croisière. Aujourd'hui, triste ironie du sort, je suis toujours aussi fauchée, certes, mais le deuil s'impose à moi. Je vais enfin pouvoir me draper de noir et ainsi rejoindre le chic tant envisagé mais jamais atteint jusqu'à aujourd'hui.

Je suis évidemment fatiguée au bout d'une demi-heure d'ambiance surchauffée à essayer et me dévêtir de vêtements d'hiver. J'ai besoin de prendre l'air, de m'asseoir, de boire un café. Oui, cela m'amuse d'aller manger une Starlette – un gâteau au fromage blanc 0 % à l'aspartam qui vous aide soi-disant à tenir votre régime en vous donnant l'illusion d'une gourmandise, ironique avec mes 22 kg de surcharge, non ? – chez Thé Cool en ce samedi après-midi où ma vie vient de basculer. Oui, cela m'amuse de me fondre dans la foule affairée des Parisiennes de l'Ouest qui recherchent avec frénésie les immanquables de cet hiver. J'ai 30 ans, ma vie est un cauchemar, je sors de dix jours de terreur et je ne serai plus jamais la même.

✳ ✳ ✳

L'enterrement est prévu lundi à 9 h 30, je suis la mère – et non la veuve comme cela aurait peut-être été davantage dans l'ordre des choses – il faut que je sois bien, voyons. Que vont dire les gens sinon ? En effet, j'ai tout un programme à assurer : lundi matin 9 h 30 messe, 24 heures plus tard nous prenons l'avion direction la Côte d'Azur, le lendemain matin 11 heures, nouvelle messe pour les gens du Sud et les amis de mes beaux-parents, enterrement à 12 heures, sempiternel buffet de condoléances, et 17 heures, ouf, nous reprenons l'avion pour rentrer à Paris, le centre des anti-festivités. Moi-même, pauvre mère éplorée qui ne se remettra jamais « de toutes les façons » de ce drame, je pourrai enfin échapper à ce tourbillon de célébrations et d'hommages. Toujours est-il qu'avec un programme de 2 bénédictions au cimetière, environ 250 mains à serrer, 80 bises non souhaitées et 8 ou 9 accolades encore plus embarrassantes, ajoutées à 2 bonnes heures de messe où je serai le centre des regards, il faut que j'assure. Effectivement le noir s'impose mais un bon noir, que je sois bien, digne et sérieuse en mère désespérée pour assurer ce programme digne de la reine d'Angleterre.

Dans le fond, je crois que j'aurais pu enterrer ma fille en jean ou en n'importe quoi. Dans le fond j'aurais souhaité l'enterrer face à la mer, mais comme Karen Blixen dans *Out of Africa* : pas de messe, une bénédiction au moment de la séparation définitive. Et m'en aller face au vent, face à mon destin, face à ma nouvelle vie, sans ma fille, le ventre vide et le cœur essoré. Mais la légèreté de l'entreprise nous grise en ce terrible après-midi du 27 octobre. Cela peut paraître vieillot, désuet et une « habitude de riche » de porter le deuil mais, de toute façon, je ne pense pas à ça. Je me délecte à l'avance de me réfugier dans la douceur du noir. Pour cacher mes kilos, cacher mon ventre de femme-enceinte-jusqu'à-il-n-y-a-pas-longtemps, cacher mon malheur, cacher ma féminité, cacher mes seins qui n'allaiteront plus et que je torture pour stopper la montée de lait.

Quand on pleure trop, je crois aussi que le noir est une couleur qui repose. Pas de couleurs, pas d'émotions. Je ne pleure pas pour autant, je crois que je ne sais plus pleurer. Bien sûr, tout le monde me dit « Il faut pleurer », mais ce que les gens ne savent pas, c'est que j'ai grandi dans une famille où le leitmotiv préféré est « Ne pleure pas » ! Du coup, je ne sais pas où sont passées mes émotions, enfin si, je suis une experte pour les enfouir tout au fond de moi et vivre quasiment en apnée toute la journée pour ne pas les laisser remonter. Mes émotions sont planquées au fond de mon ventre. Ce qui tombe bien, parce que c'est actuellement la partie de mon corps la plus douloureuse. Toujours est-il que je ne sais pas pleurer. Je n'y arrive pas.

✳ ✳ ✳

Expéditeur : paulinedechevo@yahoo.fr

Dimanche 28/10/2001 17 : 26

Objet : Faire-part décès Victoire de Chevo

Nous avons la douleur de vous faire part du rappel à Dieu de notre petite fille Victoire le vendredi 26 octobre 2001. Ange parmi les anges, elle a rejoint directement le royaume des saints puisqu'elle a reçu les sacrements du baptême le mercredi 24.

Une messe d'enterrement est dite demain lundi 29 octobre à 9 h 30 en l'église Saint-Pierre-du-Gros-Caillou 98 rue Saint-Dominique 75007 Paris.

La famille ne recevra pas de condoléances.

Ni fleurs ni couronnes.

Victoire sera ensuite inhumée au cimetière de Saint-Paul-de-Vence mercredi 31 octobre à 10 h 30.

Les personnes souhaitant faire une intention en mémoire de Victoire peuvent adresser un don à l'ordre de ADHMI –

Institut de puériculture et l'envoyer à Institut de puériculture à l'attention de Monsieur BEAUNE – Directeur – 26 boulevard Brune – 75014 PARIS.

Nous vous adressons nos excuses pour cet envoi de faire-part par mail d'une part, et si tardif d'autre part, mais les pompes funèbres et le calendrier qui s'impose à nous ne nous ont pas permis d'imprimer de faire-part.

Grégoire et Pauline de Chevo.

***

Je regrette d'avoir laissé Victoire à l'hôpital. Cette chambre froide, ce petit visage encore plus froid malgré toutes les laines dont je l'ai entouré. Je lui ai même mis deux paires de chaussettes, comme le recommandait de son vivant ma grand-mère qui avait peur d'avoir froid aux pieds, y compris quand elle serait morte. Paradoxalement, la ramener à la maison eût été au-dessus de nos forces. J'ai craint, et je le crois encore aujourd'hui, que cela ne marque notre appartement et que nous ne puissions plus y habiter sereinement tellement l'odeur de la mort l'aurait empli.

Je crois que c'est différent avec les grandes maisons de famille à la campagne où la vie entre et s'en va, où les murs ont une histoire et veillent sur les générations qu'ils abritent. On aère, on fait doucettement le ménage au printemps suivant, les dernières traces de mort s'envolent dans les premiers frimas du mois d'avril et la maison retrouve son âme, forte de toutes ses vies qu'elle a abritées en son sein. Le petit appartement dans lequel nous avions emménagé en mai pour la naissance prévue en octobre, notre premier appartement de propriétaire, allait-on pouvoir traverser une veillée funèbre dans ce qui aurait dû être une chambre d'enfant ?

Je n'en ai pas eu le courage.

***

Le lundi matin lors de la mise en bière, je me confronte à nouveau à cette terrible réalité de la mort glaciale. Victoire est restée tout le week-end à la morgue. Elle est gelée. Malgré toutes les précautions prises par Paco l'infirmier qui est redescendu nous voir, notre petit amour est glacé. La laine est gelée. Peut-être aurions-nous dû la ramener chez nous ? Mais envisager cela me rappelait les campagnes où nous veillions le corps et où tout le monde défilait. Je ne m'en sentais définitivement pas le courage.

Le dernier souvenir que j'en avais était la mort de ma grand-mère, j'avais 18 ans. Nous défilions tous les uns après les autres dans sa chambre. Bien sûr il était de bon ton de commenter un visage soi-disant reposé qui montrait bien à la terre entière que grand-mère était partie dans la sérénité. Je suis contente d'avoir évité ce scénario. Si ça se trouve, personne n'aurait eu le courage de venir, non ?

Et puis j'avais durant tout le week-end eu irrésistiblement besoin d'air. Respirer. La dernière chose à laquelle j'ai pensé a été de m'enfermer chez moi avec le corps de ma fille. Cette maison qu'elle n'aura jamais connue, je ne veux pas l'y ramener seulement une fois morte. C'est vivante qu'elle aurait dû en franchir le seuil, pas morte dans un cercueil.

Et inversement, je me sens gênée de l'avoir laissée à la morgue. Nous aurions peut-être dû la garder avec nous à la maison. Nous avons laissé notre fille dans un congélateur tout le week-end. Curieuse manière de s'en occuper jusqu'au bout. J'ai failli, nous avons failli, occupés à noyer notre chagrin dans l'alcool, la famille et le sommeil.

✳ ✳ ✳

Nos gardes du corps, à savoir mon père et mon beau-père, sont là, fidèles au poste, avec nous. Curieusement nous avons dit au revoir à Victoire l'un après l'autre. J'ai le sentiment d'être seule. Grégoire n'est pas avec moi. Et je ne suis pas restée avec lui. Je crois en vérité qu'il est simplement resté derrière moi pendant que je disais au revoir à ma fille. Mais alors que j'aurais aimé sentir sa présence, il se tient en retrait. Nous n'arrivons pas à supporter la peine de l'autre. Nous n'arrivons plus à être parents dans la mort de notre fille. Déjà Victoire est morte dans nos bras, Grégoire à mes genoux lui tenant les mains. Et maintenant, nous confronter à son petit corps tout froid, déjà à son absence… J'ai besoin d'air.

Je pose un baiser sur le front de ma fille, l'enveloppe à nouveau dans son châle rose si doux puis me détourne. Il fait si beau ce matin-là, je sors m'asseoir sur le banc dans la cour pour prendre l'air. Toute cette semaine, j'ai eu un irrépressible besoin d'air. J'ai besoin de respirer. De me sentir vivante, je crois. Je reste

65

quelques minutes sur le banc dans la cour de l'hôpital, au soleil. À mes côtés mon père me tient compagnie, en silence. Les croque-morts exécutent leur ballet irrémédiable eux aussi sans un bruit. Nous attendons que le commissaire appose les scellés sur le cercueil, de façon à ce que Victoire, après la messe, puisse partir vers le sud où nous avons décidé de l'enterrer. Mon seul caprice, ma seule envie en ces jours-là. Mon beau-père, les bras ballants, m'a demandé vendredi ce qu'ils pouvaient faire pour moi. Autant user de leurs relations. Ma seule envie, qui me semblait irréalisable, est que Victoire soit enterrée face à la mer, sous le soleil de la Méditerranée. Bien sûr Magic beau-papa rend les choses possibles. Victoire reposera dans le cimetière d'un petit village de Provence, face à la mer, puisque tel en est mon désir.

✳ ✳ ✳

L'église est pleine. Et ça fait un bien fou. Ce bébé qui n'a pas eu le temps de vivre et que quasiment personne n'a pu venir voir, étant donné les soins intensifs, on lui porte enfin reconnaissance dans sa mort. Cette messe d'enterrement, j'ai mis tout mon amour à la préparer. C'est la dernière chose, ai-je l'impression, que je puisse faire pour mon enfant. Donc je veux que ce soit le mieux possible pour elle. Juste ce qu'il faut.

Dans l'église, mes yeux ne cessent de regarder un ange sculpté dans la frise du plafond juste à droite de l'autel. J'ai l'impression que, derrière la sculpture, je vais voir Victoire apparaître et me faire un petit sourire comme dans son sommeil. Ses lèvres si fines, boudeuses avec sa fossette sur le menton. Grégoire pleure. Nos deux papas nous encadrent comme nous l'avons demandé. Devant nous sur le premier banc sont assis les enfants de la famille, Maximiliano, Michel Angelo, Camille et Stella. Ma famille uniquement. Dans ma belle-famille, on ne va pas imposer ça, voyons. Emmener des enfants à un enterrement, quelle hérésie. Il s'agit juste de leur cousine. Une cousine attendue car les enfants avaient fini par comprendre que nous avions des difficultés pour avoir un enfant. Stella pleure. Franchement, pour elle, le bon Dieu n'existe pas puisqu'il permet des horreurs pareilles et que de si jeunes enfants montent au ciel.

La messe se déroule comme prévu. Ma belle-famille – tous les de Chevo adultes – est au rendez-vous. Ma belle-sœur a prévu une lecture, ma sœur une autre, mon beau-frère aussi, je crois. En tant que parrain, c'est bien la moindre des choses qu'il puisse faire, à défaut de savoir dire les bonnes choses au bon moment. Le seul passage que j'écoute véritablement est le sermon du prêtre. Ce sermon me blesse par ces paroles si connues de nos péchés et des souffrances que Dieu nous impose pour nous sauver de ces derniers. Qu'a-t-on bien pu faire comme péchés pour devoir endurer une pareille perte ? Dites-le-nous au moins !

Le père Vetu s'échine durant l'homélie à comprendre pourquoi Dieu nous inflige à tous une telle épreuve. Ce qui me fait du bien, c'est que lui non plus ne comprend pas et nous fait part de ses doutes avec humilité, simplicité. Son désarroi sonne juste. Cette enfant qu'il est venu baptiser à l'hôpital, qui était alors placée sous la protection de Dieu, pourquoi notre Seigneur la rappelle-t-Il à Lui ? Son homélie est habitée par cette incompréhension : « Nous sommes en droit de nous demander pourquoi, mon Dieu, nous infliges-Tu cette épreuve ? » Il nous explique alors que si Dieu la rappelle à Lui, c'est qu'Il lui fait une grâce. Que s'Il ne lui permet qu'un si court passage sur terre, c'est que sa vie d'humaine aurait été tellement remplie de souffrances que Dieu a pensé qu'il valait mieux la rappeler au ciel.

L'explication est sans aucun doute simpliste mais elle m'a fait pendant tout mon deuil et aujourd'hui encore... énormément de bien. « Dieu a rappelé Victoire à Lui parce que c'est ce qu'il y a de mieux pour elle », nous dit le père Vetu. Les médecins ont effectivement reconnu qu'au-delà du pronostic vital engagé, Victoire, même si elle survivait, aurait de graves séquelles. Nous savions que ce risque était grand pour Vivi. L'anoxie du cerveau avait duré longtemps, le pancréas était grandement touché. Dans quelles conditions aurait-elle survécu ?

Mon petit bébé est là dans son cercueil sous ses fleurs blanches. Je le regarde avec tendresse. Je sens Victoire près de moi. Je suis seule, debout. Grégoire pleure à côté de moi, recroquevillé sur le banc. Et mes yeux balancent de cet ange qui me regarde du haut du mur au-dessus de l'autel aux bougies qui entourent ma petite fille et aux fleurs qui ornent son lit pour l'éternité. Lys et roses blanches. La pureté de l'ange. L'orgue retentit sans fureur, nimbant l'église, notre chagrin et nos familles de la douceur de Victoire. L'organiste m'a confié samedi après-midi avoir lui aussi perdu un enfant et savoir ce qu'il fallait jouer. Je veux bien le croire. Il nous offre une messe juste comme il faut, recueillie, triste mais douce. La messe d'enterrement de Victoire est réussie. La seule et dernière chose que je peux faire pour elle. Commencent alors les bénédictions du corps et là grande surprise, en dépit des prédictions de ma belle-mère qui n'attendait personne à la messe un lundi matin, en dépit d'un faire-part envoyé par e-mail et la veille à 17 heures, plus de 200 personnes se succèdent.

Nos amis de toujours, des amis rencontrés depuis peu de temps mais qui sont là, les deux chefs de mon mari, mes collègues de bureau aussi. Un monde fou. Et surtout l'impression pour une fois de ne pas être seuls au monde face à notre cercueil. Notre famille, nos amis sont là avec nous. Même si Victoire est passée fugacement sur terre, notre tribu reconnaît son existence. Nous ne sommes pas seuls dans notre cauchemar. Dans le déchirement de la séparation, notre tribu nous entoure, nous soutient. Mon beau-père va d'ailleurs avoir un mot terrible que je ne lui ai toujours pas pardonné : « C'est bien, vous avez pu vivre votre maternité. » Cette phrase malheureuse, digne d'un chirurgien, qui sans aucun doute visait à me soutenir moralement me brûle les oreilles tellement je la trouve égoïste. Ma maternité peut-être, enfin, il s'agit d'un enfant. Un enfant à qui tous les espoirs auraient dû être offerts, à qui la vie aurait dû sourire et s'ouvrir comme une grande route de campagne au printemps bordée de platanes centenaires. Il me semble que c'est loin d'être quantité négligeable.

Subitement retentit le champ de sortie *Douce Nuit.*

Douce nuit, sainte nuit !
Dans les cieux ! L'astre luit.
Le mystère annoncé s'accomplit

Cet enfant sur la paille endormi,
C'est l'amour infini !
C'est l'amour infini !

Saint enfant, doux agneau !
Qu'il est grand !
Qu'il est beau !
Entendez résonner les pipeaux
Des bergers conduisant leurs troupeaux
Vers son humble berceau !
Vers son humble berceau !

C'est vers nous qu'il accourt,
En un don sans retour !
De ce monde ignorant de l'amour,
Où commence aujourd'hui son séjour,
Qu'il soit roi pour toujours !
Qu'il soit roi pour toujours !

La musique m'a toujours beaucoup émue mais là définitivement j'ai le cœur tordu comme une serpillière. J'ai passé mon temps à l'hôpital à chanter cette berceuse à Victoire. C'était la seule dont j'avais l'air en tête et qui me semblait suffisamment douce pour l'apaiser. Et Victoire était mon petit Jésus à moi. Le roi de mon cœur. Je me souviens encore de ses petits doigts qui enserraient mon index comme pour me dire « continue maman ». Cette sortie de messe n'en est que plus dure. Cette berceuse qui retentit dans les orgues, puis le corbillard qui emmène ma fille vers les rivages de la Méditerranée, et d'un coup l'absence. Le vide, la perte. Mon mari aussi est aux abonnés absents, effondré de douleur sans aucun doute. Je ne le vois pas, je suis seule sur le parvis de l'église. Sans aucun doute a-t-il cédé à une crise de larmes et ma belle-famille a-t-elle cru bon de l'évacuer vers une voiture. Soutenir sa femme est accessoire, pas la peine que le pauvre petit s'inflige ça, n'est-ce pas. J'aurais tant aimé qu'il reste là tout près de moi, à mes côtés.

Une fois le camion des pompes funèbres disparu au coin de la rue, je me retourne et vois toutes les personnes massées en silence sous les arcades. Il a beau être 11 heures du matin, le silence règne. Au cœur du vacarme du 7e arrondissement, au cœur des klaxons des livreurs du lundi matin, le monde s'arrête de respirer quelques secondes pour voir passer le cortège de ma fille. Je fais un premier pas pour m'approcher des visages connus et enchaîne toute seule une longue série de condoléances. Tout le monde a envie de m'embrasser, de me dire combien ils sont touchés et avec nous. Cette messe d'enterrement me réconforte. Ma petite fille a existé, est reconnue par la société, par notre entourage. Aujourd'hui encore j'adore l'expression anglaise *to pay attention*. Nos familles, notre entourage, nos amis ont payé de l'attention à notre enfant.

✳ ✳ ✳

Au-delà de la foule, des amis et des membres de la famille qui étaient présents, cette messe d'enterrement me laisse comme principal souvenir le désarroi du père Vetu. Je sais que nombre de nos amis ont été choqués par cette homélie. Je sais qu'elle a été difficile à suivre par l'assistance car la plupart d'entre eux n'avaient pas suivi le cheminement spirituel que nous avions construit ensemble, Grégoire, le prêtre et moi, en faisant baptiser Victoire à l'hôpital. Plusieurs de nos amis eux aussi jeunes parents ont même trouvé injuste que le prêtre nous accable de la sentence de Dieu. Qu'aurait-il pu dire d'autre qui soit juste ? Moi, ça m'a fait du bien de mesurer le désarroi et l'incompréhension du père Vetu qui si gentiment avait accepté de nous accompagner. Qu'il nous parle de ses doutes, de ses errements, de sa révolte tellement il pensait que le sacrement du baptême aiderait ce petit enfant, le protégerait. Il avait passé le week-end, nous dit-il, à réfléchir et à chercher pourquoi Dieu nous infligeait cette épreuve. Dieu, une fois de plus, réparait la main de l'Homme. Victoire n'avait devant elle qu'une vie de souffrances. Les médecins ne nous l'avaient pas caché, les séquelles de toutes les façons auraient été grandes. Dieu lui a épargné cette vie de souffrances en la rappelant à Lui.

Pour ma part, j'écris chaque année au père Vetu. Et si aujourd'hui je dois analyser ce qui m'a donné la chance de reprendre une vie après le décès de ma fille, le père Vetu occupe une grande place dans le lancement de ce processus de résilience. Dieu nous fait la grâce à Victoire et à nous ses parents de la rappeler au ciel pour la faire directement entrer au royaume des anges. Chaque fois que je me rends à Saint-Pierre-du-Gros-Caillou, où une grande partie de ma famille continue de regarder grandir la nouvelle génération au fil des communions et autres confirmations, je regarde la figure d'ange qui me fait face dans la frise sculptée du plafond pendant la messe à droite de l'autel. C'est ma fille qui me regarde. Personne ne me l'a dit mais je le sens, cela s'impose à moi. Je regarde ce petit ange et je me sens enveloppée d'une douce chaleur. Victoire est entrée directement au royaume des anges. Elle est avec moi, au fond de mon cœur, et porte sur moi son regard bienveillant.

✳ ✳ ✳

Nous sommes encore à Paris. Il faut une journée entière au corbillard pour descendre sur la Côte d'Azur. J'ai donc laissé ma fille partir sur les routes dans son petit cercueil tendu de satin blanc. Nous prenons l'avion demain matin pour la rejoindre. J'étouffe dans notre petit appartement. Comment Grégoire trouve-t-il la force d'être déjà reparti au travail ? Je demande à aller prendre l'air : papa a l'air enchanté et, alors que maman, légitimement, aurait préféré que je reste allongée après les deux semaines que je venais de passer, nous nous ruons dehors pour respirer. Je ne peux guère marcher pourtant. Nous passons donc trois heures à faire le tour du quartier en nous arrêtant à chaque bistrot, papa pour boire une bière et moi un Perrier. Il fait horriblement beau. Le ciel est limpide comme au printemps, les arbres sont encore ornés de leurs feuilles, une brise me rafraîchit le visage, me donnant l'énergie de continuer à mettre un pas devant l'autre.

Arrivés en haut de l'avenue, nous tombons sur une de mes amies, Charlotte, qui vient à notre rencontre et m'embrasse. Je ne l'ai pas vue, pas reconnue, perdue que j'étais dans mes pensées, occupée à continuer de tenir debout. Charlotte sort d'un rendez-vous et rentre à son bureau. Ce matin, nous étions tous dans la même église autour du cercueil de Vivi et là, déjà, la vie reprend son cours, tout le monde est revenu à ses activités.

Il n'y a que moi, la mère, la pauvre mère éplorée qui doit attendre, attendre l'enterrement, attendre la fin du deuil. Le cauchemar n'a pas de fin.

Papa, en redescendant l'avenue, me dit alors : « De toutes les façons, ma chérie, ta vie ne sera plus jamais la même, et c'est normal. On ne survit pas à ce genre d'événements, on n'en sort pas indemne. Donc autorise-toi à ne plus être comme avant. C'est normal. » En mon for intérieur je pense : « Merci papa. Tu essaies de me parler et ça me touche. Toi qui es taiseux au possible, qui durant toute notre enfance n'est intervenu que pour les grandes occasions dans notre éducation, tu me touches énormément dans ces paroles simples qui m'autorisent à vivre l'Après. Il y eut un Avant et désormais il y a un Après. Mais pourquoi est-ce que je m'autoriserais à être différente ? Non, ce n'est pas ça que je veux. Moi je souhaite que tout redevienne comme avant… Je souhaite que tout le monde oublie que ma fille est morte et arrête de me jeter des regards horrifiés. »

Face à la mer

L'enterrement de Victoire est aussi ensoleillé qu'un après-midi d'août. Je suis contente que le soleil nous accompagne mais cela ne fait qu'accentuer, dans mon cœur, l'ironie et l'absurdité de la situation, le poids implacable du destin. Nous avons 30 ans, nous enterrons notre fille, le ciel sur la Côte d'Azur est d'un bleu cristallin et le soleil de plomb nous écrase dans nos vêtements noirs. La nuit a été longue, sans rêves, abrutie que je suis par les médicaments et mes bloody mary quotidiens… Je me sens vide, quasiment inanimée et le poids de mes kilos de grossesse me fait ressentir à l'avance tout le poids qu'aura cette journée, ce que je vais devoir endurer. Aujourd'hui, c'est enfin l'enterrement de Victoire. Deux jours après la messe. Le temps me semble long, aussi lent que peut l'être un chemin de croix, j'imagine. L'attente, le temps que le cercueil descende par la route. Puis l'avion, en famille, mes frères et sœurs m'accompagnant sur la côte pour enterrer ma fille. Enfin, la nuit à l'hôtel, seule même si Grégoire dort avec moi. Je me retrouve seule dans mon insomnie, seule dans ma perte, seule avec mes bras vides. Les Chevo souhaitent qu'une messe soit dite à nouveau. La famille me presse pour que je participe à l'organisation de la messe. Je n'ose leur dire que j'en ai ras le bol de ces bondieuseries. Victoire est morte et prier n'y changera rien. J'essaie de déléguer à ma belle-sœur, la spécialiste de tout ce qui a trait à la

"

religion mais rien à faire, tout le monde souhaite que je choisisse les lectures et le texte qu'on lira sur la tombe. Je n'en peux plus. À quoi ça sert de demander à Dieu pourquoi Il nous inflige pareille épreuve ? On y est, dans les épreuves, en plein dedans, et je n'ai plus qu'à me débrouiller, toute seule me semble-t-il, pour que mon mariage y survive, pour que moi-même j'y survive et que mon mari aussi…

L'heure de la messe arrive vite. À peine le temps de nous préparer et ça y est, nous voilà en voiture pour rejoindre le cimetière de Saint-Paul et sa petite chapelle. *Damned it*, en arrivant, nous apercevons une longue file de voitures rangées sur le bas-côté. Je sens qu'une longue série de ronds de jambe m'attend encore… Je trouve le courage de m'extirper de la voiture et je m'accroche au bras de Grégoire que j'ai bien l'intention de ne pas lâcher. Quelques amis proches de mes beaux-parents s'approchent le long du sentier que nous suivons pour accéder à la chapelle afin de nous embrasser, l'affection que j'ai pour eux leur donnant le courage sans doute de nous témoigner leur sympathie. Heureusement, la majorité reste en arrière. Même si ces personnes sont importantes pour ma belle-famille, je n'en peux plus de recevoir toutes ces marques de compassion. Arrêtez, sinon je vais tomber, m'effondrer sous le poids de vos airs dramatiques et ne plus me relever. Ouf ! nous pénétrons les premiers dans la chapelle et rejoignons rapidement le premier rang. L'obscurité me réconforte après l'éblouissante clarté qui nous a accueillis dehors et qui fatigue mes yeux lourds de sanglots cachés. J'entends la foule s'installer derrière nous mais ne me retourne même pas, comme si j'étais figurante dans une scène qui n'est pas ma vie. Malheureusement, c'est bien ma vie dont il s'agit et j'en suis la principale actrice… L'idée me semble difficile à accepter, je préfère me réfugier sur les gradins, pour fuir quelques instants encore l'horrible réalité. Et là, je découvre le curé. D'un certain âge, grand et maigre, les cheveux blancs, le pauvre est affublé d'un accent du Sud à couper au couteau. Il invite rapidement l'assemblée à s'asseoir en ouvrant grand les bras et la litanie recommence… « Qu'avons-nous fait au bon Dieu pour nous voir infliger une telle épreuve ? » Décidément… Le père Vetu au moins a trouvé les mots pour nous accompagner, nous aider et nous soutenir moralement. Peut-être a-t-il bénéficié du fait de nous avoir vus à l'hôpital et d'avoir baptisé Victoire avant de l'enterrer, ce qui lui a permis de trouver des mots plus justes. La messe se déroule et, honnêtement, j'attends que ça passe. Je suis assise, mon statut de mère éplorée me donne le droit de ne pas forcément me lever, ce qui fait que je me repose, je prends des forces en attendant l'horrible adieu du cimetière.

Subitement déboule en jean et chemisette… un autre curé. Qui interrompt la messe sur-le-champ et nous présente abondamment ses excuses, nous expliquant qu'il aurait dû être là pour nous accueillir mais que des embouteillages l'ont empêché d'être à l'heure et que, vraiment, il est bien désolé. Je crois que nous avons tous vite compris son embarras, mais non, il décide de reprendre au pied levé l'homélie et nous en remet une couche. Qu'avons-nous fait au bon Dieu pour qu'il nous inflige une épreuve pareille ? ! L'enterrement de ma fille a donc décidé de tourner au burlesque. On n'en a rien à faire de savoir qu'il a passé deux heures dans les embouteillages ! Je ne peux m'empêcher, devant l'absurde de ce prêtre qui nous inflige ses explications, en prenant son temps, en interrompant sans vergogne l'homélie de son collègue, de céder au fou rire. Grégoire, me sentant agitée par des soubresauts, me prend contre son épaule, inquiet que les sanglots me ravagent et que cette homélie tant de fois entendue m'achève définitivement et là, se rendant compte qu'en fait je ris nerveusement, lui aussi est gagné par mon fou rire. Je n'en peux plus. Épargnez-nous ! Heureusement, la décence est sauvée, Grégoire me maintient la tête dans son cou de façon à ce que personne ne se rende compte que je pique une crise de nerfs et que je suis tout simplement en train de rire nerveusement. Je suis lassée, lassée de toutes ces messes, de toutes ces implorations. Toute l'assemblée s'apitoie en pensant que je pleure toutes les larmes de mon corps. Grégoire me donne un mouchoir, histoire de me donner une contenance, et mes beaux-parents font enfin signe aux deux curés de passer à la suite. Ça suffit, les explications à chercher et les interrogations éternelles…

La messe reprend donc. Je n'écoute rien. J'attends que ça passe. Et une fois remise de mes émotions et de mon fou-rire, je me laisse tomber lourdement sur le banc. Je sens autour de moi la foule des gens se lever, se rasseoir selon les instructions du prêtre. Je ne me lève même pas pour aller communier. Je suis fatiguée, rincée par toutes ces émotions. Ça suffit… Libérez-nous de ce deuil que nous n'avons pas voulu ! Je laisse mon esprit voyager de par le monde et pense aux autres types d'enterrement que nous aurions pu avoir si nous avions habité un autre pays. En Inde par exemple, une crémation aurait été jolie, le réconfort du feu, la beauté du cercueil posé sur un autel de fleurs, les couleurs chatoyantes des saris entourant notre famille qui aurait été tout de blanc vêtue.

Enfin, je vois les hommes en noir s'approcher du cercueil et je réalise que la messe est finie. Je me lève donc soutenue par le bras de Grégoire et nous nous dirigeons vers l'éblouissante clarté de la Méditerranée. Le cortège silencieux progresse dans les escaliers, à l'ombre des pins parasols, puis nous accédons en haut du cimetière à la terrasse où nous attend la dernière demeure de Victoire. Je lève enfin la tête et contemple les flots bleus de la Méditerranée. Cette vue au loin m'apaise et m'enlève aussitôt une partie du poids de mon chagrin. Au moins aurons-nous évité l'horreur grise et polluée des cimetières de la banlieue parisienne. Les cigales chantent, quelques bougainvillées ornent encore ici et là de touches mauves les murs des maisons grèges, les cyprès se balancent dans une douce valse et le soleil nous éblouit. Pourquoi mon Dieu fait-il si beau ? L'as-Tu fait exprès pour nous réconforter et guider notre fille dans la clarté de Ton royaume ? Le prêtre reprend la parole, et là, je me rends compte de la longue file du cortège qui se masse en arc de cercle sur la terrasse du cimetière. Je ne reconnais pas les visages mais les personnes sont nombreuses, toutes de noir vêtues et, dans la clarté de ce soleil méditerranéen, elles me font penser à un long cortège de fourmis venues dans la blancheur du cimetière enterrer leur reine.

Perdue dans mes pensées, je laisse mon regard contempler les vagues, et souhaite secrètement me fondre dans ces profondeurs marines pour apaiser mon chagrin, me retrouver dans le silence de la mer, dans la douceur de ses flots bleus… Je n'écoute pas ce qui se dit et, subitement, Grégoire me donne un coup de coude. Le prêtre me tend un recueil de lectures. Il a apparemment été prévu que je lirai un texte sur la tombe de ma fille, je l'ai oublié, bien que ma sœur et ma belle-sœur m'aient demandé au moins dix fois si j'avais choisi la lecture… *No way*. Même pas en rêve. Je m'avance d'un pas et m'approche de la tombe, de ce trou noir béant dans lequel bientôt ma petite fille va être enfournée, comme hypnotisée. Après quelques instants de vertige, je me reprends et regarde l'assemblée. Mon père s'approche pour me demander si ça va aller. Mais oui, ça va très bien aller.

Je rends au prêtre son livret de lectures et sors de mon pantalon trois feuilles pliées en quatre et toutes chiffonnées. Tard dans la nuit, harassée par mon insomnie, je suis redescendue à la réception de l'hôtel et j'ai soudoyé le gardien de nuit pour qu'il me laisse accéder à son ordinateur et à Internet. Et là, j'ai retrouvé par chance les vers qui me tournaient dans la tête et le poème dont ils étaient extraits. « Et rose, elle vécut ce que vivent les roses, l'espace d'un matin. » Tard dans la nuit, j'ai recopié d'une écriture chancelante l'intégralité du poème de François de Malherbe dont je trouve le titre tout à fait approprié à notre histoire, « Consolation à M. Dupérier pour sa fille défunte ». Ce poème, je le lis à l'intention de mon mari, avec tout mon cœur. Grégoire. Terrassé par le chagrin, frustré dans ses envies de paternité, fauché dans son existence par le coup du destin. Grégoire, je t'en prie, reste avec moi, soyons forts pour nous, pour notre fille. Je tiens dans mes mains tremblotantes ces feuilles froissées et lis mon écriture déformée. Me surprenant moi-même : ma voix est forte, profonde, emplie de tout l'amour que j'ai à crier au monde.

Je sens le prêtre derrière moi stupéfait. L'assistance m'écoute, tout le monde a relevé la tête et me dévisage. Mes mots s'envolent vers la mer, dans l'azur, comme une dernière supplique à Dieu. Voilà. Un petit peu de poésie pour célébrer l'existence fulgurante d'une enfant qui ne demandait qu'à vivre. Un petit peu de douceur pour remplacer la culpabilité éternelle dans laquelle la religion voudrait nous voir plonger. Je finis le poème, ce très long poème. Le prêtre s'approche de moi et me dit : « Quand même, ce n'est pas très optimiste. » Grégoire me reprend à côté de lui, me soustrayant aux remontrances ecclésiastiques, et les croque-morts s'attellent à descendre le cercueil après une dernière bénédiction. Et là, une fois de plus, ils se retournent vers moi et m'invitent à m'approcher pour jeter une rose sur le cercueil de ma fille. Pourquoi pareil cérémonial ? Je n'en peux plus, des gestes symboliques. Victoire est morte. Rien de tout cela ne changera cette horrible réalité. J'ai été mère. Sept jours. Et maintenant, c'est fini. Je prends une rose, la jette sur le cercueil et m'éloigne de la longue file des amis et connaissances de ma belle-famille venus lui rendre un dernier hommage, sans jeter un autre regard à cette assemblée. Je me dis bien au fond de moi que j'exagère et que ce n'est pas très poli, mais je n'en peux plus. Je redescends seule à travers les pins parasols vers la voiture et suis bientôt rattrapée par Grégoire, inquiet de savoir si ça va.

« Désolée, je n'en peux plus.

— Viens, on rentre à la maison. »

Nous montons tous les deux dans la voiture de sa mère et partons, abandonnant notre petite fille sous le soleil de la Méditerranée. Ai-je bien fait ? Victoire repose en paix désormais. Mes beaux-parents ont souhaité qu'on recommence ici une cérémonie, eh bien, je les laisse recevoir les condoléances. Là, c'est trop pour moi, c'est ma limite. J'ai besoin qu'on m'allège de toute cette compassion. Besoin d'être seule. Besoin de respirer. Besoin de retourner dans la vie.

Paradoxalement, je suis soulagée que ce soit achevé. Nous avons conduit Victoire en sa dernière demeure. Et j'ai réussi à échapper à encore de la confliction, encore du pieux repentir et encore de multiples condoléances. Ces gens ne me sont rien, je les connais à peine et je ne trouve plus en moi la force de recevoir leur compassion et leurs marques de sympathie qui ne font à chaque fois que m'achever comme des coups de hache qui s'acharnent sur une bûche. Personne n'osera faire allusion à ma fuite, d'ailleurs. Je retrouve le jardin de mes beaux-parents et m'assois sur la terrasse, seule dans le silence, face à la mer, le paysage qui va veiller désormais sur ce qui m'est le plus cher. Ma fille.

Survivre

Après une fin de mois d'octobre horriblement ensoleillée, le mois de novembre ouvre son ballet de rafales de vent et de journées pluvieuses. Mon envie de porter le deuil reste tenace et essentielle à ma survie comme un bâton de bois qui me permet chaque matin de me mettre debout, contre le vent de la vie. Ma meilleure amie se fiance dans quinze jours en grande pompe. Elle me convainc d'assister à cette soirée, qu'elle, jeune trentenaire, attend depuis si longtemps et à laquelle je me laisse persuader que ma présence est indispensable.

Je me rends donc chez un petit couturier, mon tour de taille ne correspondant pas vraiment aux normes de la confection, et dans la poursuite de ma fièvre acheteuse compulsive et de l'importance que j'accorde au fait de paraître digne, triste et en deuil, je me commande un petit tailleur noir en crêpe. Je m'offre avec culpabilité ce joli vêtement. Je m'étonne moi-même. Je crois que, par-delà la mort de Victoire, j'ai besoin de croire que ma fille serait fière de sa mère endeuillée. Je veux être élégante, porter le deuil mais être bien habillée, vêtue d'un joli tailleur. Avec un décolleté baignoire, ai-je entendu. C'est certain, je n'ai pas grand-chose à mettre en valeur hormis mes grands yeux tristes, autant les faire disparaître avec un brin de nudité et un col de tailleur découvrant la naissance de ma gorge.

Mon tailleur fait sur mesure devient un véritable cocon. Dès que je le passe, je me sens protégée, à l'aise, prête à endurer beaucoup de choses. Ma mère dans un élan de générosité inhabituelle sort de ses tiroirs des voiles de veuve, de l'époque de ses grand-mères, du temps où l'on restait en grand deuil pendant un an. Je découvre alors, moi qui ai toujours aimé les foulards, avec joie et quasiment l'excitation d'une petite fille, ces foulards de mousseline et de voile de crêpe rebrodés ou bordés de pierreries discrètes dont j'ai oublié le nom. Je transforme ces voiles en ceintures, en foulards pour me couvrir le cou ou m'attacher les cheveux.

J'atteins mon but, je suis tellement couverte de noir que l'information passe rapidement. Mes interlocuteurs informés ou non, par leur intelligence émotionnelle ou leur intuition, comprennent, oui, je suis en deuil. Les imaginaires penchent naturellement vers le veuvage. Personne n'ose imaginer qu'à mon âge, c'est un enfant que je pleure.

Toujours est-il que je retrouve ainsi au fil des jours, des semaines et des mois le confort du noir et du grand deuil. Je trouve même deux mois plus tard une robe que je vais appeler « Aigle noir » pendant les deux années à venir. En maille et en cuir noir enduit, la jupe de cette robe comprend des plis repliés avec une grande ampleur. À chaque fois que je me déplace, le tissu de ma jupe bruisse. À l'inverse, le corsage en maille est d'une grande douceur. Le col cheminée très montant me permet même de cacher mon nez dans ma robe.

Ces deux vêtements deviennent mes préférés, ceux dans lesquels je me sens à l'aise, protégée. Je ne comprends pas mon besoin de dire, de crier à la face du monde mon malheur, mon besoin vital d'afficher. Mon attirail complété par les voiles de veuve de la famille de ma mère transformés en foulards noués serré autour du cou alerte immédiatement mes interlocuteurs. J'ai besoin de dire, j'ai besoin de faire comprendre, je suis en deuil, ma vie n'est pas rose et ce n'est pas la peine de démarrer la conversation par le sempiternel « ça va ? ». Car non, ça ne va pas.

✳ ✳ ✳

Autant je ressens le besoin vital de me draper de noir, autant je ne supporte plus la laque noire de mon piano qui trône dans l'entrée. Je me suis offert, pour célébrer l'annonce de ce bébé qu'on n'espérait plus, le tout nouveau modèle de Piano Silent MP3 de Yamaha. Un piano droit, d'étude, qui a pris chez nous la bibliothèque ; un piano symbole de ma jeunesse, de mes études au conservatoire et de toute la rigueur de la musique à laquelle je me confrontais. Avec un système, à la pointe de l'innovation pour notre époque, de bascule numérique sur des sons MP3, donc des sons enregistrés au lieu d'être reproduits synthétiquement. Toucher des pianos d'étude du conservatoire, son Yamaha, reproduction des sons enregistrés au plus près du son de concert, casque lui aussi isolant qui permet de me concentrer uniquement sur mon jeu…

Dès l'annonce de ce nouvel espoir, j'avais trouvé plein emploi à mes longues nuits d'insomnie de future mère et renoué avec la détente que m'a toujours procurée le piano. Nocturnes de Chopin, rondos de Scarlatti, sonates de Beethoven, mes morceaux favoris filaient sous mes doigts, en tête à tête avec mon bébé, dans cette communion où nos deux cerveaux communiaient dans la même extase des sens. Aujourd'hui, ce monument de laque noire m'indispose. Reflet de mon malheur, souvenir de moments de grande intimité où Victoire dans mon ventre se calmait dès les premières notes de Beethoven. Je suis obligée chaque jour pour rentrer et sortir dans l'appartement de passer devant ce catafalque.

Ma nouvelle préoccupation consiste subitement à me débarrasser de ce piano. Victoire est morte, j'ai ressenti tellement de bonheur et de sérénité à jouer avec mon gros ventre calé tout contre le clavier, seule dans la nuit avec mon bébé, retirée du monde sous mon casque, n'entendant même plus les ronflements du papa, que je ne peux pas un jour de plus supporter la vue de ce piano. Monument aux morts, symbole de mon malheur. Je ne jouerai plus jamais de piano. J'ai l'impression qu'au lieu de pleurer, j'ai besoin de me faire mal pour pouvoir supporter mon deuil, l'arrachement de mon enfant. Ainsi ai-je besoin de me débarrasser de mon piano. Une véritable liquidation, les pianos à la revente perdant énormément de leur valeur. Je ne cherche même pas à le revendre, allant directement chez le vendeur de pianos pour le supplier de le reprendre. Bien sûr, il en profite pour le reprendre seulement à 50 % de sa valeur. Ce n'est pas grave, j'ai besoin de me punir, de ne pas garder les traces des souvenirs heureux.

Dans la même optique de m'amputer de mon rôle de mère, de souffrir et de montrer au monde que la douleur m'étreint, je vais chez le coiffeur pour mutiler mes cheveux noirs. Adieu ma féminité de jeune maman, je ne suis plus maman, je ne veux plus être féminine, je ne veux plus devoir m'occuper de moi. Me couper les cheveux aussi courts me rappelle mon enfance, quand malgré tous mes rêves de cheveux longs et bouclés, je n'avais pas le droit à autre chose qu'une coupe aux oreilles avec une horrible frange en mèche balayée. Cela m'allait si bien, les cheveux courts, et c'était tellement pratique, du point de vue de ma chère mère. Jusqu'à l'âge de 15 ans, je n'ai jamais eu le droit de décider de ma coiffure. Ce n'est que lorsque j'ai été obligée de porter des lunettes qu'enfin, j'ai obtenu une coupe au carré.

En me coupant les cheveux aujourd'hui, je crois que j'ai envie à nouveau de me mutiler, de retrouver cette enfance frustrée où je n'avais pas le droit d'être féminine. Je n'ai pas le droit d'être mère, alors autant revenir au temps de cette enfance toute en contraintes où je n'avais pas de désir d'enfant, pas de désir de fonder une famille… Je ne veux plus garder ce symbole de féminité que mon mari aime tant. Je n'ai plus le droit d'être femme, de plaire et de jouer de mes cheveux. Ma fille est morte, ma fille m'a été enlevée, il faut que je souffre. Je n'arrive pas à pleurer donc je me martyrise.

En fin de compte, la coupe de cheveux est réussie et me donne presque meilleure mine. Absurde bonne mine dans mes vêtements noirs de deuil qui devraient me donner un air pâle et translucide pour correspondre au bon tableau romantique de la mère éplorée. Non, je n'arrive même pas à jouer les mères en deuil comme les gens, mon entourage, ma famille s'y attendent. Pourtant, à l'intérieur, je suis tellement sonnée que je n'arrive plus à savoir ce que je ressens, excepté la sensation d'horreur qui me serre le ventre toute la journée, devant ce qui vient de m'arriver.

✳ ✳ ✳

Zacharie reste discret sur les photos qu'il a prises, peu avant le décès de Victoire. Elles sont là, je le sais, mais il ne se sent pas prêt à me les montrer et ne les trouve pas suffisamment abouties. Nous n'en parlons pas. Pourtant Zacharie vient me chercher trois fois par semaine. Salons de thé, bistrots de Saint-Germain-des-Prés, expositions de la Bastille, nous écumons Paris pour me changer les idées, me faire respirer un autre air que celui immobile et asphyxié de mon appartement.

Puis, quinze jours environ après mon retour à Paris, Zacharie m'appelle un matin dès 9 h 30 :

« J'ai bossé dessus toute la nuit. Elles sont prêtes. »

Il n'a même pas besoin d'expliquer. Je comprends immédiate-ment qu'il s'agit des clichés de Victoire. Cette séance photos restera à jamais notre lien intime, partagé tous les deux avec nos propres sensibilités. Sans même attendre Grégoire, je passe chez Zac. Quand il ouvre la porte de son appartement, l'angoisse et l'émotion étreignent mon cœur. J'ai peur de revoir mon bébé qui me manque tant depuis déjà si longtemps alors que cela ne fait que trois semaines qu'on l'a enterré.

Zac m'installe devant sa table de travail et me laisse seule devant les tirages. Son appartement n'est pas très grand mais il prétexte subitement un urgent besoin de faire la vaisselle de

88

son petit-déjeuner et de ranger la cuisine. Les tirages sont sublimes, retravaillés en sépia, ce qui voile de tendresse la dureté de l'environnement. La couveuse se fait écrin, les carreaux blancs et bleus de l'hôpital deviennent des rideaux de velours. Et au centre des photos, je redécouvre ma fille, mon amour, mon petit cœur, Victoire. Nos doigts enlacés, nos mains soudées, ses lèvres charnues, ses yeux apaisés, l'arrondi de son visage délicatement posé sur le mouchoir de ma grand-mère…

« J'ai retravaillé les clichés en carré pour qu'elle soit au centre de chaque photo.

— Le résultat est sublime. Je suis profondément touchée, Zac. Tu ne peux imaginer le cadeau que tu me fais.

— Elle est belle et tu es belle avec elle. C'est ta fille. Je suis très heureux moi aussi de l'avoir photographiée. C'est à moi de te remercier de m'avoir appelé pour me faire participer. »

L'émotion est intense. Zacharie, compagnon de ma jeunesse, celui avec lequel nous nous voyions toujours trinquer de bon cœur à nos quarante ans, imaginant que nous aurions alors fait trois fois le tour du monde, gravi des montages et construit notre bonheur. L'émotion est trop forte. Je repars quelques instants plus tard avec, sous le bras, un CD, les clichés et rentre dans ma tanière pour contempler à nouveau ces trésors. Il pleut sur Paris en ce matin de novembre mais mon cœur brûle du bonheur retrouvé grâce à ces photos. Je les couve en mon sein, les cache instinctivement sous mon oreiller dès mon arrivée dans l'appartement.

Quand Grégoire rentre le soir du bureau, je lui montre les photos avec enthousiasme et bonheur. Mais de la même façon qu'il n'était pas venu avec nous pour immortaliser les derniers instants de Victoire, il détourne le regard et s'en va fumer une cigarette dans le salon :

« Elles sont belles mais c'est trop douloureux à voir. Je ne veux pas me souvenir. »

Malgré la réaction de Grégoire, j'accroche dans notre chambre dès les jours qui suivent deux photos de notre fille. Moi, je veux me souvenir. Moi, je veux pouvoir revenir en arrière et me remémorer les instants où je berçais mon bébé au son lancinant de cette berceuse que je massacrais en la répétant plus de quarante fois par jour.

Ces deux photos vont longtemps me permettre de me souvenir, de parler à ma fille et de repartir, d'aller plus loin. Quels que soient nos futurs déménagements, je déplacerai en priorité ces photos-là pour les raccrocher immédiatement. C'est comme si elles marquaient mon territoire, signifiaient que ça y est, là, c'est ma chambre, mon jardin secret.

L'album que je constitue des photos de Victoire devient mon talisman. Je l'ouvre rarement mais je sais que, quelque part dans ma maison, ces photos existent. Ma fille est là. Si je veux, quand je le souhaite, je peux me souvenir de cette période. Celle où j'étais une maman heureuse, malgré le drame qui couvait. Période où ma fille était dans mes bras le plus clair de son temps. Et où j'essayais désespérément, sans savoir comment m'y prendre, de la sauver.

* * *

Suite à l'enterrement de Victoire, il m'a été pénible de retourner dans mon appartement, vide et silencieux. Cet appartement qui aurait dû retentir des pleurs de notre fille, des exclamations des visiteurs devant ce si beau bébé et des éclats de rire de nos amis venus tous les soirs partager notre joie. Trois ans que nous n'osions espérer un jour connaître ces moments, un bonheur inespéré nous était offert avec la naissance de Vivi et aujourd'hui notre maison est vide, grise de l'hiver qui commence et silencieuse.

Pour ne pas être seule à la maison, j'ai demandé à la mère de Grégoire de rester, ou plutôt de revenir quelque temps. C'est dire combien je crains de me retrouver face à la solitude. Maman ayant assuré l'intendance de la naissance de Victoire à son enterrement, je ne veux pas continuer à la solliciter. Il me semble légitime de leur permettre de souffler un peu et de rentrer un peu chez eux. Et puis je me dis aussi que cela m'aidera peut-être à entourer Grégoire d'avoir sa mère à la maison…

* * *

Le téléphone sonne peu. Maman, dans les premiers temps, s'est occupée de répondre à de nombreux appels de sympathie. Je ne me sentais pas capable de répéter dix fois de suite la même histoire. Je n'avais pas le courage de recevoir par téléphone tous ces témoignages d'affection, de compassion. Aujourd'hui, quasiment plus personne ne tente de nous joindre, nos amis s'étant sans doute découragés de mon silence. Peut-être est-ce à moi de rendre les appels, de faire signe, de leur montrer que oui, maintenant je peux leur parler, qu'ils ne me dérangent pas…

Je me sens au radar, en pilote automatique, abrutie par les somnifères qui m'offrent des nuits noires sans rêves ni cauchemars. Tous les matins je me lève en même temps que Grégoire qui se dépêche après un rapide bisou sur les lèvres de partir au bureau se noyer dans son travail. Et je me retrouve toute seule. Enfin, avec ma belle-mère… Le moindre rendez-vous est capable d'occuper toute ma journée. Je suis tellement éprouvée par ce que je viens de vivre que ma séance chez le kiné trois fois par semaine me prend la matinée entière. De même, si j'ai prévu un déjeuner, la matinée ne suffit guère à me préparer. Je marche lentement, je pense lentement, je vis lentement.

Grégoire parle peu. Nous n'avons pas besoin de communiquer car nous nous comprenons parfaitement en ce moment. Nous sommes tous les deux seuls à avoir vécu ce que nous venons de traverser, nous nous rendons compte que c'est difficilement partageable et de toute façon les gens qui nous entourent posent peu de questions. Sans doute par peur des réponses que nous pourrions leur donner… Malgré ce silence qui me pèse, je trouve en moi toute l'énergie pour entourer mon mari de douceur. Tous les matins nous nous levons ensemble, prenons ensemble notre petit-déjeuner et je reste avec lui jusqu'à son départ pour le bureau. Douceur, tendresse et soutien, je déploie peut-être à son intention toute la tendresse que je ne peux donner à ma fille. Dès que Grégoire est là, je ne me sens plus seule car je suis intimement avec lui, au cœur de son chagrin. Nous sommes tous les deux au cœur du cauchemar et nous sentons curieusement ensemble. Nous avons été parents. Sept jours. Et aujourd'hui, le sommes-nous encore ? Que doit-on répondre aux personnes qui nous demandent si nous avons des enfants ?

Ces événements dramatiques nous ont rapprochés. Rapprochement légèrement inattendu mais je savoure cette intimité. Intimité physique aussi qui fait que nous n'aurons jamais autant fait l'amour ni aussi bien. Sans aucun doute notre instinct de survie qui se met en route. Je ne peux m'empêcher de penser néanmoins à l'ironie du sort, nous qui, avec tous les traitements pour avoir ce bébé, n'avions quasiment plus de relations sexuelles normales, spontanées et dans le jeu délicieux de la séduction. Nous faisons front tous les deux pour ne pas mourir avec notre fille, survivre tant bien que mal et nous protéger mutuellement. Ayant vécu les mêmes événements puisque Grégoire était là pendant mon accouchement, à l'hôpital, au moment où Victoire est morte, puis pendant son enterrement, nous n'avons pas besoin de parler beaucoup, en fin de compte. En revanche, nous partageons tous les deux le besoin profond de nous remettre de toutes ces émotions, de nous protéger de la bêtise humaine et de nous ressourcer.

Nous sommes étonnés tous les deux car malgré la perte immense de notre fille, malgré la déchirure que représente cette séparation violente, brutale, nous arrivons même à nous sentir sereins. Fréquemment, nous nous regardons et, honteux comme des enfants qui viennent de faire une grosse bêtise, nous nous regardons et l'un ou l'autre s'exclame : « C'est fou, nous sommes heureux ! » Cela n'empêche pas Grégoire de se noyer dans son travail. Heureusement la direction financière qui l'emploie est plutôt enchantée de l'énergie qu'il déploie. Comme Grégoire le dit, s'abrutir dans les chiffres lui évite de penser et donc de souffrir… Et comme les comptes d'une multinationale ne sont jamais finis, Grégoire rentre parfois à « pas d'heure ». Et je l'attends, sans trop de difficulté. Plongée dans ma brume quotidienne, j'ai appris à savoir regarder le temps qui passe.

✳ ✳ ✳

Quelques jours après mon retour dans la capitale, Hélène, mon ancienne chef, me propose mon premier déjeuner à l'extérieur. Elle m'invite à la rejoindre en face de son bureau, dans le tout nouveau restaurant d'Habitat. Hélène n'a pas été très présente quand Victoire était à l'hôpital. Elle m'avait envoyé un mail qui ressemblait déjà à une parole de condoléances alors que Victoire n'était pas encore morte. Hélène ne faisait pas partie non plus des quelque 200 personnes qui nous ont fait l'amitié de venir à cet enterrement du lundi matin, organisé en catastrophe. Et pourtant, tout de suite après cet événement douloureux, Hélène est là, m'appelle et m'invite à la rejoindre. Hélène… Si tu savais combien ton coup de fil me fait du bien.

Je retrouve la foule des bureaux de mon ancienne entreprise, et plusieurs têtes connues qui viennent me dire bonjour très gentiment. La première question qui me traverse l'esprit est : « Savent-elles ? » Toutes ces personnes me saluent-elles gentiment parce qu'elles savent déjà ou bien juste parce qu'elles ont plaisir à me revoir ? Bien sûr que non, personne ne sait mais désormais je vais souvent me poser la question, ne pouvant échapper à la paranoïa que m'insuffle le refus de la pitié. Car je me braque en lisant la pitié et l'horreur dans les yeux des gens. Je ne l'ai pas choisi, ce destin. Cet enfant m'a été envoyé de façon quasiment divine, puisque nous étions destinés à ne pas en avoir. Et de la même façon, par intervention quasiment divine, il m'a été retiré, puisque, comme dit le père Vetu, « c'est par la grâce de Dieu que Victoire a été rappelée à Lui ».

« Les gens sont encore capables de dire bonjour gentiment juste pour le plaisir de te revoir, Pauline. Pas forcément par pitié ou par compassion. »

Hélène me touche par sa gentillesse et sa disponibilité. Je me retrouve en face d'elle qui sait combien ce bébé, combien Victoire pouvait être attendue. Je me remémore le jour où enfin, en face d'Hélène, retranchée dans mon petit bureau, j'avais fondu en larmes parce que j'avais choisi « le mauvais mari », que nous ne pouvions pas faire d'enfants simplement, et que je n'avais aucune envie de faire tous les traitements médicaux que la nature semblait devoir nous imposer.

C'était un samedi après-midi pluvieux où, dans ce magasin plein de clients, Hélène, face à mon malheur, me disait de pleurer et se montrait simplement disponible, à l'écoute et humaine. Alors que j'attendais qu'elle joue son rôle de chef, Hélène m'avait soutenue et avait passé deux heures à me réconforter au fond de mon bureau. Je ne me souviens plus de ce qui avait déclenché cette crise de sanglots profonds, un énième client mécontent, je crois, parce que les petites cuillères en argent qu'il avait commandées avaient une semaine de retard…

Ce premier déjeuner avec Hélène me fait du bien car justement, autant Hélène me connaît bien et je lui suis attachée, autant elle n'a pas participé aux semaines qui viennent de s'écouler. Et en fin de compte, j'en suis soulagée. J'ai l'impression de bénéficier de son regard neuf, impartial, qui n'a pas connu le psychodrame que nous venons de traverser et qui donc m'apparaît comme moins lourd. Bouffée d'air frais, je peux enfin être moi ou ce qu'il en reste. Hélène n'attend rien de moi et me dispense de tel ou tel conseil sur le comportement que je devrais avoir. Elle ne juge pas, elle est seulement là, en face de moi, ouverte à moi et à ma souffrance qu'elle n'a pas pu partager mais qu'elle reçoit aujourd'hui de plein fouet.

Je lui suis reconnaissante car elle a le courage de m'inviter à déjeuner et de ne pas me laisser toute seule dans mon appartement. Et justement, elle trouve que je réagis bien, trop bien. Hélène sait combien je suis forte et admire ma résistance. Première série d'étonnements ô combien justifiés de la part de personnes qui en fin de compte me connaissent bien et qui seront tout de suite alertées par ma capacité à contrôler ce que je donne à voir, ce que je laisse affleurer. « Je n'ai pas le choix », ai-je envie de lui dire. Le premier problème qui se pose, lorsque l'on traverse ce type d'événements, est que l'on survit. L'être humain doit être programmé pour survivre à beaucoup de tortures, de peines, de supplices. En tout cas son enveloppe corporelle, après son esprit… c'est peut-être autre chose.

Comment faire d'ailleurs pour survivre aussi dans ma tête, dans mon cœur ?

***

« Comment peux-tu faire ? C'est impossible de se remettre de la mort de son enfant. »

« C'est fou, vous avez plutôt bonne mine, tous les deux. Ça a l'air d'aller, comment faites-vous ? »

Combien de fois lors de la soirée de fiançailles de ma meilleure amie m'aura-t-on répété ces deux phrases ? À me repentir d'avoir fait faire ce tailleur en crêpe noir pour avoir l'air « décente » et avoir quelque chose à me mettre…

Valibulle veut absolument que nous soyons présents et je trouve son insistance touchante. Au lieu d'être gênée par notre deuil, elle l'inclut dans sa vie à elle en me disant « viens ». Je mets en application à la perfection la culture de façade dans laquelle j'ai été élevée : je me maquille, j'essaie de m'habiller correctement, en tout cas le plus à mon avantage, malgré les 15 kilos que la grossesse m'a laissés, je souris. Moi, je suis contente de voir des gens, de me retrouver en société, cela me change de la solitude de mon appartement qui finit par ressembler à une prison. De peur d'ailleurs que je me défile diplomatiquement au dernier moment, la reine de la soirée passe me prendre dans sa petite Smart à la maison. Grégoire me rejoint à cette soirée dès qu'il peut quitter le bureau, ce qui représente en semaine un exploit pour lui puisque je le vois arriver vers 21 heures, mais il sait combien j'apprécie Valibulle et combien cette soirée représente pour moi une bouffée d'oxygène.

En fin de compte, ce que l'entourage a du mal à comprendre, c'est que l'on survit à la mort de son enfant. D'une part, je le répète mais on n'a pas trop le choix ni la possibilité de se demander comment faire. L'être humain est à la fois fragile et endurant. Les soirs se succèdent aux matins et les jours se suivent en nous offrant tous le même cadeau : apprendre à vivre, à revivre. D'autre part, j'ai été pour ma part et malheureusement élevée dans une culture du « Ne pleure pas ». Je ne sais pas jouer en public le mélodrame, le mouchoir à la main, les yeux cernés et la mine larmoyante... Ces scènes-là ont lieu dans la solitude de mon appartement, parfois dans ma salle de bains, lorsque je suis seule face à moi-même, que je me laisse aller. C'est pourquoi ce soir-là, si j'ai accepté de venir et d'être présente à cette soirée, c'est effectivement pour sourire, me changer les idées, voir des gens. Parler d'autre chose... Quant à Grégoire, il est pire que moi car dès que les émotions sont en jeu ressortent ses origines anglaises et une capacité à faire preuve de flegme que j'ai rarement rencontrée. Par conséquent, si nous faisons le choix de voir des amis, de sortir en société, eh bien globalement nous affichons une mine correcte. Sinon, nous restons chez nous...

Excepté la gentillesse de mon amie et de sa famille, nous semblons plus déranger qu'autre chose. Déçus, Grégoire et moi quittons la soirée tôt, lassés de ces remarques alors que nous n'avons qu'une envie, nous changer les idées, rencontrer des gens nouveaux, parler d'autre chose... Il nous semble que nous sommes tous les deux marqués au fer rouge, condamnés à notre deuil. J'ai bien peur qu'on nous enterre avec notre fille. Peut-être n'a-t-on plus le droit à autre chose qu'au malheur ? Eh oui, on a beau être en deuil, on peut avoir envie d'aborder d'autres sujets, on peut tout à fait s'intéresser aux autres, faire de nouvelles rencontres, avoir envie de rire…

Malheureusement, les mines de compassion que les invités affichent en nous voyant me culpabilisent et me renvoient à mon deuil, mon exceptionnel destin, celui de la mère qui perd son enfant… Nous nous esquivons vers 23 heures pour aller dîner en tête à tête, et là, le bon cassoulet de chez Thoumieux nous réconforte. Anonymat d'une brasserie parisienne, truculence corrézienne de bon aloi, nous nous fondons dans la masse, tous les deux en tête à tête. Personne ne sait à part nous deux, en fin de compte, c'est plus facile. Nous pouvons nous laisser aller à respirer sans scrupule. On ne peut pas être malheureux en permanence !

✷ ✷ ✷

Zac – Zacharie en fait mais je l'ai toujours appelé Zac –, mon meilleur ami et témoin de mariage, entreprend de me sortir, dès la mi-novembre. Deux, trois fois par semaine il m'emmène déjeuner quelque part dans Paris, ou en balade, ou encore visiter une exposition. Je lui serai longtemps reconnaissante du temps qu'il me consacre, de son attention et de sa délicatesse. Il vient pourtant de tomber amoureux, de rencontrer Anne, pour laquelle il nourrit beaucoup d'admiration et d'émotions.

Il est là, discrètement là, attentionné, protecteur, comme au temps de nos études où, tous les jours pendant trois ans, nous avons quasiment partagé notre vie, les cours, les soirées…

Notre premier déjeuner « dehors » est un chaos parfait… Nous sommes dix jours après l'enterrement de Victoire et Zac m'emmène déjeuner à Saint-Germain-des-Prés, rue du Cherche-Midi. Je le suis au radar, un peu effarée de me retrouver au cœur du monde, dans l'agitation du midi et des déjeuners des gens qui travaillent. Nous nous frayons un passage dans un petit bistrot surpeuplé, cela tombe bien, des clients sortent au même moment et, alors que nous les croisons, j'entends :

« Eh bien, Pauline, que fais-tu là ? Si on s'attendait à te voir ici ! »

Mon ancienne équipe du grand magasin Au Plaisir des Yeux, quasiment au complet, me regarde l'air surpris, l'air très étonné, plein d'incompréhension du fait que moi, qui viens de perdre ma fille, je sorte déjeuner à Saint-Germain-des-Prés… Qu'est-ce que les gens attendent des personnes comme nous qui traversons des drames ? Que nous nous enfermions sans sortir pendant un an ? Cela me pèse chaque jour davantage d'entendre tous ces avis, tous ces jugements.

« Vous devriez partir en vacances », « Pleure, il faut pleurer », « Repose-toi, ne sors pas, tu es trop fatiguée », « Sors, change-toi les idées », « Ne parlons plus du malheur, il faut oublier », « Parle, parle, ça fait du bien », « Ah bon ? Tu veux retra-vailler ? »

J'ai envie de voir du monde, de voir des sourires, de me noyer dans la tendresse du regard des autres, je n'en peux plus de rester chez moi toute seule dans cet appartement que je n'aime plus. Leur réaction est si vive que cela me gâche le déjeuner. Je suis ailleurs, Zac a beau faire des efforts pour me changer les idées, j'ai honte d'être là avec lui, je suis noyée dans mon malheur et accablée par le regard des autres.

Une parenthèse enchantée

Venise, 30 novembre. Emmitouflés dans nos doudounes, à l'abri derrière nos lunettes de soleil, Grégoire et moi, nous nous dorons au soleil comme des escargots, recroquevillés l'un contre l'autre à la terrasse du Café Florian. La chaleur suave de mon dixième cappuccino de la matinée coule lentement dans ma gorge et la qualité du silence rejoint le bleu d'azur de la mer et du ciel de l'Adriatique. Luxe absolu, je compte le nombre de pèlerins présents ce matin-là sur la place Saint-Marc. Nous sommes quatorze. Il est pourtant 11 heures du matin, heure décente pour qu'un touriste normalement constitué se rue dans tous les hauts lieux touristiques. Les pigeons s'égaillent à nos côtés, le Lion surplombe majestueusement la lagune et nous revenons à la vie.

Malgré la largeur des chaises de la terrasse du café, nos jambes sont entremêlées. Nous avons le besoin animal de nous toucher, d'avoir nos deux corps au contact l'un de l'autre, sans quoi nous sommes tous les deux aussi perdus que des chatons abandonnés. La qualité du silence et la chaleur de l'air de ce 30 novembre sont tellement enveloppantes que nous nous laissons dorer comme quand nous étions quelques mois plus tôt sur notre plage de l'île Maurice. Pour une fois, le silence de Grégoire ne me pèse pas et curieusement je communie avec lui dans ce silence, comme si nous reprenions notre souffle. Nous sommes épuisés des nombreux événements que nous avons vécus ce dernier mois. Venise n'a mis que quelque mille kilomètres entre nous et notre cauchemar mais déjà nous nous sentons libérés et soulagés d'échapper au poids de notre réalité quotidienne.

❊ ❊ ❊

C'est ma sœur Eugénie qui a eu l'idée en premier : « Vous devez partir en vacances. » Curieux comme idée, nous venons juste d'enterrer notre fille, nous sommes censés être en deuil et, déjà que l'on nous invite à sortir, il faut maintenant qu'on parte en vacances ? La première fois qu'elle m'en a parlé, j'avoue que je me suis dit, une fois de plus, qu'on n'avait décidément pas le même système de références. C'est d'ailleurs pour ça sans aucun doute qu'à elle beaucoup de choses réussissent et que même son divorce a des allures de succès. Sur le moment j'ai l'impression qu'elle me parle une autre langue et, comme un automate, je me laisse prendre en charge. Il faut que l'on parte à Venise en tête à tête ? Ils ont sans doute raison… Donc on va partir à Venise, très bien.

Oui, mais… Nos finances sont au plus bas. Les 4 300 euros que nous ont coûté les obsèques n'ont pas encore été remboursés par les assurances. À mon habitude, je n'ai pas fait mes comptes, surtout dans ces derniers temps de grossesse, et un mois après le paiement du dernier tiers provisionnel. Bref, les

104

caisses sont vides. Nous n'avons sûrement pas les moyens de partir une semaine à Venise, même si sur le papier, c'est probablement la meilleure chose à faire. Je sens bien l'insistance familiale sur le sujet.

Ma petite sœur, qui a encore aujourd'hui 5 ans de plus que moi mais que j'ai la chance de dominer d'une dizaine de centimètres depuis bientôt 20 ans, s'est, comme souvent, promue *business angel* de l'association consistant à sauver mon couple. Première action : nous devons partir à Venise. C'est le plan d'action prioritaire du mois de novembre. J'avoue que, devant notre apathie ou notre sidération face aux événements, c'est elle qui a choisi Venise. Venise la Rouge. Pourquoi pas ? Elle aurait pu, je l'avoue, nous envoyer à Tombouctou, je crois qu'on y serait allés aussi sans moufter.

Venise apparaît donc la destination parfaite et validée par le conseil de famille qui nous tient lieu de baby-sitter. Maman fait les papiers et remet de l'ordre dans nos dossiers administratifs. Papa administre consciencieusement et à heures fixes Xanax et autres Lexomil, y compris lorsque j'ai un verre de bloody mary à la main ou que je redemande un ballon de rouge dans le bistrot où nous faisons une pause. Mon frère aîné est missionné pour le bricolage et le réaménagement de l'appartement. À la chambre de bébé qui ne serait jamais occupée doit succéder une chambre d'amis digne de ce nom. Pour recevoir quels amis ? Chaque membre de l'association Sauvez Willy a sa mission, son rôle. Toute ma famille est là, autour de nous, se relayant et veillant sur nos premiers pas de parents en deuil. Et les de Chevo ? Où sont-ils ?

✳ ✳ ✳

Venise est donc la destination où notre couple doit se retrouver. Grégoire abandonne ses hautes finances, le groupe du CAC 40 ne menace plus pendant une semaine de s'écrouler car les INTERCO ne sont pas passées. Terme barbare qui ne parle qu'aux spécialistes de la Consolidation mais, après tout, cela montre bien combien notre monde tourne autour d'enjeux… de spécialiste.

Revenons à la douceur de Venise. M. Juppé nous a un peu rebattu les oreilles de Venise et de sa tentation, moi je ne vois en elle que sa douceur. La première chose qui me frappe à Venise est son silence. Un doux silence agrémenté du clapotis de l'eau des canaux, du réfléchissement du soleil sur les façades des palais endormis, de la pureté cristalline d'un ciel bleu de l'Adriatique. Ce silence nous enveloppe comme un doux châle en cachemire, que nous soyons en train de déambuler dans les briques rouges du ghetto juif, dans les ruelles du village des verriers de Murano ou sur les longues plages tristes du Lido.

Je voudrais aussi vous parler de la simplicité majestueuse de Venise. Des plafonds ornés et peints de notre pension – *la Pensione de la Accademia* – à l'agitation des cafétérias qui se cachent à chaque coin de rue, de la délicate fragilité des oiseaux en verre vénitien à l'opulence des masques du carnaval, de la profonde obscurité des ateliers de verrerie au balancement nonchalant des cyprès qui surplombent le cimetière San Michele, Venise s'offre à nous.

Je comprends rapidement pourquoi le choix de Venise s'est imposé, et secrètement, puisque aujourd'hui encore je n'ai toujours pas pris le temps de dire à ma sœur que je lui voue une immense reconnaissance. À Venise nous trouvons l'espace de la reconstruction. À Venise nous rencontrons enfin l'apaisement des yeux, l'apaisement des sens, l'apaisement de l'âme. Victoire est partie, elle nous manque. À chaque église – et Dieu seul sait si Venise regorge d'églises toutes plus belles les unes que les autres – nous allumons un cierge en mémoire de notre fille, pour éclairer encore un peu son âme et faire monter vers l'infini la douceur de notre amour pour cette enfant qui nous a été enlevée. Et pourtant, Venise nous autorise à être… heureux.

Grégoire et moi avons nos petits rituels. N'ayant aucune contrainte horaire dans l'hôtel où nous sommes descendus, nous nous réveillons vers 11 heures, profitons de la douceur des rayons du soleil d'hiver pour rejoindre la cafétéria au coin de la place de l'Accademia. Les arômes de deux ou trois cappuccinos bien crémeux nous ayant revigorés, nous partons main dans la main le nez au vent découvrir cette ville et ses multiples recoins. Puis, vers deux ou trois heures de l'après-midi, quelques cierges allumés plus tard, nous nous abandonnons à la chaleur du soleil, emmitouflés dans nos doudounes à la terrasse d'une trattoria pour tout simplement… vivre.

Vivre. Être heureux. Être bien tous les deux. Venise nous offre cet immense privilège. Loin des regards, loin de la pression sociale qui voudrait que je pleure, que je sois triste, que nous traversions une épreuve absolument affreuse, nous vivons. Tout simplement. Pas d'heure, pas d'horaire, nos pas sont guidés par les rayons du soleil à son firmament ou déclinant sur Venise la Rouge. Nous n'écoutons que nous, notre fatigue, notre douleur, notre solitude, et aussi notre faim, nos envies et notre envie d'avoir chaud, sous les rayons du soleil. Je comprends à ce moment-là le sens du mot « vacance ». Vacuité de notre vie sociale, vacance de jugements. Vacuité de relations familiales, vacance d'amour filial emprisonnant et étouffant. Vacuité de vie sociale, vacance d'obligations.

Cette semaine contribue grandement à ce que nous reprenions le chemin de la vie. Nous sommes deux. Nous sommes là, ensemble, avec nos moments d'émotion, de larmes, de tristesse. Victoire nous a été arrachée et nous ne comprenons pas une fois de plus pourquoi. Pourquoi nous ? Pourquoi maintenant ? Mais nous sommes en vie et nous nous rendons bien compte que maintenant s'impose à nous le choix de notre existence, à savoir dans quel état, de quelle façon, nous souhaitons désormais vivre notre vie. Petit à petit, au détour des ruelles de Venise, enjambant un canal et puis un autre, je comprends que malheureusement l'être humain survit à beaucoup d'événements, qu'il ne succombe pas sous la torture du deuil. Que ce soit Dieu ou le destin qui choisisse de nous faire souffrir, je comprends qu'il nous appartient de choisir la manière dont on va souffrir. Debout ou couchés.

✳ ✳ ✳

En vacances Grégoire et moi adoptons spontanément un rythme en symbiose parfaite. Malgré le tsunami qui s'est abattu sur nos vies, nous retrouvons facilement notre vie à deux. Nous avons clairement besoin de dormir. Si les tranquillisants me semblent une béquille rassurante pour être sûrs de passer une nuit sans cauchemar, nous commençons par arrêter le bloody mary et le whisky sec, nos meilleurs compagnons depuis plus d'un mois. Ma dernière visite chez Toutrose avait été décisive. Quand il m'a demandé comment je tenais le coup et que je lui ai mentionné mon amour des verres rouges, il m'a indiqué immédiatement que ce n'était pas une mince affaire et que je devais m'en préoccuper. La mort de Victoire et le deuil qui s'ensuit me laissent un inexorable penchant pour l'alcool. Je sais à l'avance que le troisième verre de vin rouge va m'envelopper d'une douce chaleur et subitement alléger le poids de mon cœur et de mes chairs meurtries.

Nous avons aussi besoin de nous oxygéner. Venise sait parfaitement nous offrir cette bouffée d'air pur. Dans les premiers jours froids de l'hiver du centre de l'Europe, par des températures proches de zéro degré Celsius, sous un soleil qui nous semble éternel, Venise nous offre ses kilomètres et ses kilomètres de ruelles et de dédales. Nous marchons l'un derrière l'autre, la main dans la main ou bras dessus bras dessous. Ponts, ruelles, placettes, porches... Plus que de nous enfermer dans les musées, nous avons tellement besoin de respirer, d'emplir nos poumons d'air pur, de profiter de cette ville millénaire et de découvrir ses fractures, ses blessures, ses trésors et ses pépites. Nous arpentons toute la journée ses quartiers.

Je me souviendrai longtemps du silence du quartier juif. L'ancien ghetto de Venise nous accueille dans son silence comme pour nous permettre de nous introduire, nous aussi blessés de la vie, au cœur de son âme. Grégoire lui-même se sent à l'unisson avec ce quartier de brique qui le ramène à des origines bien souvent niées car ne trouvant pas leur place dans le tableau de la respectabilité des de Chevo. Enfin, les racines de sa grand-mère juive reprennent place dans le décor et son cœur laisse venir à la surface de son âme les émotions d'un souvenir non partagé.

Je m'amuse presque dans la cathédrale Saint-Marc déserte à me laisser glisser dans les toboggans que forment les immenses pavés du dallage de la nef. Usés par le passage de fervents croyants et de cortèges royaux, ils me rappellent les conques des bénitiers. L'église étant déserte, je repasse à maintes reprises dans ses volutes en me projetant à travers les siècles et m'imaginant au temps des croisades, de Casanova, de l'Empire austro-hongrois ou encore de Napoléon.

Nous allons même, parents en deuil et sans vergogne, boire un verre au Harry's Bar. Nous sommes vivants. Nous avons survécu. Nous n'avons pas d'autre choix que celui de vivre. La vie nous offrait la possibilité de profiter d'une ville magique. Pourquoi s'en priver ? Je ne retrouve pourtant aucune magie au Harry's Bar, ce lieu mythique de Venise, et sans aucun doute la conversation silencieuse que notre couple peut entretenir ne suffit pas à instaurer l'atmosphère de séduction ou de joutes verbales enfiévrées irrémédiablement associées à cet endroit. Nous avons néanmoins la sensation d'enfreindre comme des gamins le code de bonne conduite en ayant cédé aux sirènes des nuits enfiévrées.

✳ ✳ ✳

Le seul souvenir triste que je garde de Venise est notre promenade sur les plages du Lido. Le luxe de la solitude en des lieux qui l'été devaient être bondés me rend triste et pèse sur mes épaules si lourdement que j'en trouve l'île affreuse et morne. Bien sûr, les hôtels barricadés pour l'hiver et les dunes creusées sur les plages afin de protéger les promenades des hautes eaux ne rendent pas le paysage des plus accueillants. Mais je crois surtout que le spectre de Dirk Bogarde dans *Mort à Venise* me hante. Traversée par les accords de la 5e symphonie de Mahler, je promène un regard habité sur les plages du Lido, m'attendant à apercevoir à tout moment au loin le chapeau de Silvana Mangano ou les blondes boucles de Björn Andresen. *Mort à Venise*. Le titre de ce film n'est pas si inapproprié, étant donné ce que nous venons de vivre. Mais non, je n'ai aucune envie de trépasser ni de pousser mon dernier soupir sur cette place abandonnée. Mon romantisme et ma passion pour le cinéma italien me jouent des tours, et Grégoire semble partager mon avis. Je me sens soulagée quand enfin le vaporetto vient nous délivrer de cette île fantasmagorique. J'adore pourtant la symphonie de Mahler mais ce paysage ne suscite en moi en fin de compte que malaise. Il me semble peut-être avec le recul m'avancer vers un précipice d'émotions et vers la porte de la mort, porte que justement je souhaite fuir à toutes jambes !

✳ ✳ ✳

Venise nous renvoie à Paris revigorés. Nous ne parlons que très peu de notre voyage. Bien sûr nous pouvons jouer les guides touristiques. Mais d'une part nous n'avons pris aucune photo de ce séjour si particulier où nous nous sommes perdus pour mieux nous retrouver dans le regard l'un de l'autre. D'autre part, qui aurait pu comprendre que nous y avons été heureux ? Qui aurait pu comprendre qu'on ose dire que nous avons passé un séjour magnifique ? Nous regorgeant des œuvres d'art que les nombreux musées là-bas protègent ? Ressourçant notre amour dans les ruelles du quartier San Marco où les couchers de soleil plus rouges les uns que les autres nous enveloppaient de leur douce torpeur ?

Nous rentrons néanmoins avec un souvenir. Un seul. Un petit moineau en cristal bleu azur que nous achetons, mon mari et moi, dans un magasin sur le Caralazzo. Je pourrais revenir dans ce magasin les yeux fermés. Ce petit moineau m'attire immédiatement l'œil au détour d'une vitrine et mon cœur ne fait qu'un bond. Je retiens Grégoire qui marche, selon le modèle familial des de Chevo, à grandes enjambées. Je le supplie de rentrer dans ce magasin pour touristes. Nos finances sont loin d'être mirobolantes mais j'arrive à le convaincre. Ce petit moineau s'impose tellement à moi qu'une fois de plus Grégoire comprend et me laisse emporter, plié dans du vulgaire papier journal, ce petit animal qui penchait vers nous sa tête comme pour nous baisoter la joue.

C'est un symbole supplémentaire de la présence de Victoire dans nos cœurs. Comme si ma fille m'avait fait signe au détour d'une vitrine. Ce petit oiseau dans notre salon nous rappellera longtemps encore cette semaine exceptionnelle. Cette semaine où, loin de la société, loin de nos familles, loin de nos amis, nous avons retrouvé le chemin de notre amour à nous. Notre amour qui s'est incarné dans Vivi et qui nous a été arraché.

Personne bien sûr ne se serait attendu à ça mais nous nous aimons et nous sommes là, tous les deux, en communion avec notre fille. Les dernières semaines nous ont violemment éprouvés mais nous retrouvons tous les deux dans Venise la belle, dans la douceur blonde des pierres de ses maisons, dans l'arrondi de ses ponts la force de nous reconstruire.

Et il ne faut le dire à personne, mais nous avons passé tous les deux une semaine extrêmement heureuse. Nous sommes en deuil, en effet. Victoire me manque horriblement et manque sans aucun doute aussi à Grégoire, mais nous, nous sommes en vie. Et nous avons envie de vivre, de nous ressourcer. Nous avons survécu à l'enfer. Nous avons failli être enterrés, en tout cas pour ma part, avec notre fille, puisqu'il est « tout à fait impossible de se remettre de la mort d'un enfant ». Venise nous permet de souffler, de respirer, de nous tenir la main, de nous aimer, de pleurer ensemble, de communier ensemble dans la mort de Vivi. Vivre avec Vivi mais sans Victoire.

Face au « psy »

Au sein de l'association Sauvez Willy, ma sœur Eugénie s'est autoproclamée Grand Chef. Elle joue désormais un rôle essentiel dans ma vie, remplaçant quasiment ma mère. Ainsi, dès le lendemain de l'enterrement, m'a-t-elle expédiée chez le psy. Ah bon ? Il faut que j'aille chez le psy ? Pourquoi moi et pas Grégoire ? Il faut que je me fasse accompagner. C'est une épreuve terrible, je ne peux pas m'en sortir seule. Ah bon… Je suis en pilote automatique et fais exactement tout ce qu'elle me dit de faire ou presque. Pour être honnête, j'en parle avec Grégoire qui s'empresse de refuser. En bon fils de chirurgien, il va se débrouiller tout seul avec ses problèmes. Un psy ? Et pour quoi faire ? Après tout, le travail c'est la santé donc il y retourne immédiatement. Trois jours après l'enterrement de Victoire…

Je dois avouer que, lorsque je téléphone pour prendre rendez-vous, je ne sais même pas ce que l'on fait chez un psy… Ce mot, pour moi, fait écho à la chanson de Jacques Brel « Jef » où il dit à son copain d'arrêter de se répandre sur le trottoir. Le psy à mes yeux ne sert qu'à se lamenter et je ne vois pas bien ce que ces séances horriblement chères et non remboursées par la Sécurité sociale vont m'apporter. Les paroles que je prononce lors de la prise de rendez-vous sont proches de l'écriture automatique des surréalistes. Je crois bien que je n'ai pas eu d'autres mots de motivation que « ma fille vient de mourir et ma famille m'a dit de venir vous voir ». Ce n'est pas bien grave, la psychanalyste à laquelle on m'a adressée doit naturellement être prête à encaisser tous les types de demandes…

Ma psychanalyste s'avère une demoiselle d'un certain âge. Vieille fille au minois desséché et aux cheveux noirs raides coupés à la Cléopâtre – sans l'épaisseur d'Elizabeth Taylor malheureusement. Je découvre son cabinet ou plutôt le bureau de son appartement au fond de la cour d'un immeuble dans le 18ᵉ arrondissement, à côté d'un cimetière. Un lit garni d'un édredon vert miteux datant sans aucun doute des années quarante, des voilages bordés d'une rosace sur la fenêtre à mi-hauteur et une lampe de chevet avec un abat-jour à pampilles jaunes. J'espère sincèrement pour elle que ce cabinet de consultation n'est pas sa chambre à coucher… Et malheureusement je crains fort que ce soit le cas. Heureusement, je n'ai pas à subir le divan, ce qui serait revenu, j'imagine, à m'allonger sur cet affreux dessus de lit vert. Ma demoiselle aux cheveux noir corbeau raides de chaque côté de son visage et retenus par deux pinces dorées, dès ma première visite, me propose que l'on se rapproche de la lumière. Dans deux fauteuils qui aujourd'hui seraient pile dans la tendance « revival » de Jean Prouvé mais qui, je l'avoue, sur le moment sentent eux aussi les chambres inhabitées depuis trente ans de chez ma grand-mère.

Je ne sais pas ce que je fais là mais toujours est-il que je passe trois mois à aller chaque semaine vider mon sac. C'est bien le mot puisque mon interlocutrice n'ouvre pas la bouche.

J'exagère, elle me renvoie de temps en temps une ou deux questions pour m'obliger à aller plus loin, au plus profond de moi-même. Quoi qu'il en soit, je trouve un apaisement surprenant à pouvoir enfin livrer à quelqu'un de totalement inconnu toutes mes pensées, sans tabou. Je la paie, donc clairement dans mon esprit c'est son métier de démêler elle-même le tohu-bohu qui régit mes pensées. Je sais bien qu'aujourd'hui la thérapie est quasiment devenue une mode. Mais dans mon environnement, dans ma famille… Nous avons bien un oncle psychiatre mais il est entendu qu'il ne fréquente que des fous et que l'unique raison pour laquelle il a choisi cette spécialité est sa passion première qui consiste à jouer du piano divinement et à y consacrer quelque neuf heures par jour. En raison de quoi la profession de psychiatre qui lui permet de consulter à ses heures perdues quand ses doigts gourds ne supportent plus les rhapsodies de Liszt. Il faut dire que la mort de Victoire doit être aux yeux de la famille une circonstance exceptionnelle. Même si je n'en ai jamais clairement exprimé le besoin, chaque séance me soulage énormément. Ma sœur a eu une bonne idée, je le comprends mieux aujourd'hui.

$$* * *$$

Le premier sujet dont nous débattons concerne ma culpabilité. À brûle-pourpoint, j'évoque l'idée que si Victoire est morte, c'est bien ma faute. Je suis responsable de l'accouchement. Certaines femmes accouchent très facilement et moi pas, j'ai encore éprouvé le besoin de faire des choses compliquées. En outre, si Victoire n'a pas survécu à toutes ces épreuves, une fois encore c'est ma faute. Ce sont les mères qui font les bébés puisque nous les portons pendant neuf mois, justement pour leur permettre de bien se développer. Donc si Victoire n'a pas résisté, a déclenché cette lyse du cerveau et a eu tous ces problèmes au pancréas, une fois encore, j'en suis entièrement responsable.

Il va me falloir trois longues semaines après le début de cette thérapie pour remettre chaque chose à sa place et laisser venir à ma conscience que je ne suis pas responsable. Seul mon cher docteur Linguaux est responsable. Aujourd'hui, au XXIe siècle, les bébés ne meurent pas à la naissance. Si le docteur Linguaux n'avait pas programmé quatre déclenchements d'accouchement un samedi matin, tout ça sans aucun doute pour arrondir les honoraires de sa semaine de quelque 6 000 euros supplémentaires, Victoire ne serait pas morte. En refaisant le chemin à l'envers, je me rends compte que si j'avais été seule à accoucher, sans les trois autres femmes qui s'étaient présentées en accouchement spontané, la situation aurait été plus gérable. J'aurais été la seule parturiente à accoucher à 11 h 30, l'équipe aurait été disponible pour faire la césarienne qui s'imposait et Victoire serait dans mes bras.

Le fait de laisser venir à ma conscience cette pensée reste extrêmement douloureux. Malgré tout, j'en ressens un grand soulagement qui m'autorise aussi, au fond de moi-même, à envisager de faire d'autres enfants puisque je ne suis pas responsable. Néanmoins, la torture serait trop brève, je trouve moyen de la prolonger de quelques mois. En fait, je porte quand même une grande responsabilité dans la mort de Victoire. Les médecins ont tout fait pour me convaincre de me battre aux côtés de ma fille. Il fallait l'allaiter ? Je l'ai allaitée et j'ai même eu un lait phénoménal. Il fallait que je la tienne contre moi ? Je l'ai tenue contre mon sein douze heures par jour avec grand bonheur. Je devais lui parler ? J'ai eu du mal à ne pas sangloter devant ma fille et, quand je ne trouvais pas les mots pour lui dire tout mon amour, j'ai tout simplement chanté, chanté sans cesse la même berceuse.

Et pourtant, malgré tout ce que j'ai fait, Victoire est morte. J'ai tout fait mais Victoire est morte quand même. Je n'ai pas réussi à lui donner suffisamment envie de vivre. Le père Vetu me rattrape au vol et m'empêche de m'enfoncer dans cette spirale infernale. J'ai tout fait pour donner à Victoire envie de vivre certes, mais le Seigneur en a décidé autrement et a préféré la rappeler à Lui pour lui éviter une vie de souffrance. Peut-être. Mais je ne suis pas convaincue. Victoire est morte. J'ai été impuissante, je n'ai rien pu faire pour sauver ma fille. Mais oui, ma psy a raison… Ce n'est pas ma faute. Je ne suis pas responsable de la mort de Victoire. Victoire est morte mais, de bout en bout, ce qui compte c'est que j'ai tout fait pour elle. Tout. Tout ce qui était en mon pouvoir.

✳ ✳ ✳

Les trois semaines suivantes sont consacrées à mon débat intérieur qui consiste à savoir si je peux tenir pour responsable le docteur Linguaux. J'en arrive, tellement ces pensées sont douloureuses, à les refuser. Mon père est médecin, mon beau-père est médecin, je comprends petit à petit que j'idéalise complètement cette fonction et la confonds avec la figure du père. À partir du moment où je suis dans les mains d'un médecin, il ne peut rien m'arriver. Son serment d'Hippocrate, sa fonction, son sacerdoce, comme dit mon père, l'obligent à tout faire pour me sauver. Sauf que contrairement à ce que le docteur Linguaux pense, aucun médecin n'est divin. Je suis frappée de retrouver ce combat intérieur dans la tête de docteur Mamour… de *Grey's Anatomy*. Eh oui, malgré la dextérité, malgré le savoir-faire, malgré la grande expérience, malgré le culot des médecins, aucun n'est divin. Les médecins se confrontent à Dieu, à la Mère Nature et ne commandent pas tout. Victoire les a laissés impuissants, le désarroi du docteur Lachapelle m'en a bien convaincue.

Je reste très frappée par notre dernière conversation téléphonique. Victoire était née le samedi et nous devions être le premier mercredi. Comme chaque matin, nous partions Grégoire et moi en voiture à l'hôpital et nous retrouvions Porte de Sèvres dans les embouteillages du périphérique. Mon téléphone portable avait alors sonné : le docteur Linguaux venait aux nouvelles. Les paroles que j'avais entendues ce jour-là m'avaient immédiatement fait penser à ce livre de Milan Kundera, *Risibles Amours* − je crois, il faut que je vérifie. Le docteur Linguaux avait prononcé des paroles qui, après coup et aujourd'hui encore, m'avait glacée d'effroi : « Bon, écoute, elle va mourir. » Après ce que nous venions de traverser, le docteur Linguaux s'était permis de me tutoyer.

« Donc si tu veux, je passe un coup de fil, on met ce qu'il faut dans la machine et voilà c'est fini. Tu viens me voir immédiatement, je te refais une FIV et dans neuf mois tu as un enfant en pleine forme dans les bras. »

Mon instinct de survie avait dû se mettre en route mais, au-delà du choc des mots employés, j'étais restée effarée par le caractère tout-puissant que ce médecin s'octroyait.

La thérapie me permet de refaire le point sur ce sujet-là aussi. Ces paroles me hantent. J'arrive même certains soirs de désarroi à douter de la probité de l'équipe médicale qui a entouré Vivi dans ses derniers instants. Et si quelqu'un avait abrégé ses souffrances ? L'ont-ils fait ?

* * *

L'hiver arrive avec ses après-midi pluvieux. Je m'échappe souvent du bureau en début d'après-midi pour aller chez ma psychanalyste. Je pleure de moins en moins souvent pendant les séances et ressens de la fatigue, parfois, à force de retourner toutes ces idées dans ma tête. Je préférerais oublier, pourtant je n'y arrive guère… Néanmoins ces séances s'intercalent dans mon agenda comme des bulles qui m'appartiennent, des moments où je peux à loisir regarder mon nombril et surtout vider ma tête. Et vider ma tête devient essentiel. La vie reprend son cours, je me rends compte que je peux de moins en moins parler à mes amis, à mon entourage.

Soit j'ai le sentiment de remuer le couteau dans la plaie de mes interlocuteurs, leur amenant souvent les larmes aux yeux, soit je me confronte à des regards de rejet. La vie continue, mon chagrin va passer, les personnes de mon entourage en fin de

121

compte n'ont pas envie de savoir. Grégoire s'enfonce dans le travail, le cercle vicieux de la fatigue, et préfère lire ses bandes dessinées que me parler. Je reste seule avec mes fantômes.

Je m'enfonce dans un autre refuge pour refuser la responsabilité du docteur Linguaux. Autant je n'arrive pas à pleurer ma fille, autant je ressens le besoin de continuer à me faire mal et à me prouver par a + b que je suis la seule coupable. Dans la débâcle de ce samedi matin là, le docteur Linguaux n'a pas pu faire autrement. C'est comme s'il avait été sur un champ de bataille. Quatre patientes ont besoin d'une césarienne au même moment. Par laquelle commencer ? J'imagine qu'il a choisi celle de gauche en espérant que celle de droite tienne le coup, le temps qu'il soigne la première, n'est-ce pas ?

L'idée de sa responsabilité m'est trop pénible, je tourne, je retourne, je tournicote, je virevolte autour de cette vérité qui est trop douloureuse à admettre. Victoire est morte à cause de ce type. Mon éducation, mon esprit, ma peur des lois m'interdisent d'énoncer cette vérité. Les médecins peuvent faire des erreurs. Les médecins peuvent se planter. Ils peuvent être responsables. Ils sont responsables des choix qu'ils font.

Le docteur Linguaux n'est pas seul responsable. Mes cours de droit reviennent hanter mes nuits blanches. Ce n'est pas une question d'obligation de résultat, c'est une question d'obligation de moyens. Le docteur Linguaux a pris des décisions risquées dont on pouvait potentiellement penser qu'il n'arriverait pas à se tirer avec une équipe réduite, autant d'accouchements déclenchés et d'accouchements spontanés en même temps. Il n'aurait pas dû insister pour que toutes les femmes prévues pour le déclenchement soient mises sous perfusion. Et la fameuse clinique ultra-chic n'a pas répondu à son obligation de moyens : à partir du moment où une des sages-femmes était malade, la moindre des choses était de la remplacer.

Ce n'est que sept ans plus tard, lorsque j'apprendrai enfin que le bon docteur Linguaux est interdit d'exercice de la médecine suite à une affaire de mœurs, que j'accepterai cette idée affreuse. Si je n'avais pas accouché sous ses directives, si je ne m'étais pas laissé convaincre de programmer mon accouchement, Victoire, aujourd'hui, serait vivante.

✳ ✳ ✳

De mercredi en mercredi, je reviens comme un métronome chez ma psychanalyste. L'ascenseur sorcide de l'immeuble en fond de cour me hisse invariablement au 4e étage. Son petit visage tanné m'accueille, sans grand sourire mais avec un air déjà extrêmement concentré. À peine ai-je droit à un bonjour. Et je parle, je parle, je parle. Mes séances deviennent quasiment automatiques. J'arrive, je pose mon imper noir, je m'assois, je vide mon sac. Puis invariablement arrive le moment où elle regarde sa montre, la séance est finie. « à la semaine prochaine ». Et malgré ce mur de silence auquel je me confronte, malgré cet automatisme qui a pris le contrôle de mon existence depuis trois mois, je repars soulagée. Apaisée.

Je suis un cargo qui menace de couler tellement les containers, trop nombreux, encombrent le pont et font plonger la ligne de flottaison sous le niveau normal de survie. L'image n'est pas forcément flatteuse pour moi mais, avec le poids que je garde de cet accouchement et les séquelles musculaires, j'ai bien l'impression de me déplacer comme un cargo ! Le deuxième quintal de riz qui vient donc en second dans mes questionnements, et que je décharge concerne le regard des autres. J'entends des choses… hallucinantes. Tout d'abord, oyez, oyez, « on ne se remet jamais de la mort d'un enfant ». Même papa, l'après-midi de l'enterrement, pendant que Grégoire comme d'habitude se réfugiait dans le sommeil, m'avait tenu ce discours.

Eugénie me prête la *Prière à l'enfant* de Martin Gray. J'ai adoré à l'adolescence lire *Au nom de tous les miens*. Aujourd'hui je mesure cruellement les drames que Martin Gray a traversés, endurés. Et je comprends toute la difficulté qui consiste à survivre. On survit mais quel est notre statut ? Seulement celui de mort vivant ? Je n'ai pas envie d'être enterrée avec ma fille. Je n'ai que 30 ans, je suis jeune. Que suis-je censée faire ? Ma vie doit-elle s'arrêter là à cause de ce foutu docteur Linguaux ? Je n'ai que 30 ans. La mort de Victoire a beau être une atroce souffrance, quelques semaines après, la réalité me saute à la gorge. On survit. Comment fait-on maintenant ? A-t-on le droit à un après ? Faut-il comme dans les romans à l'eau de rose s'enterrer vivant et se retirer dans une vie de bondieuseries que je n'oserai qu'à peine vivre ? Quel est notre avenir ? Je recherche des livres de témoignage pour m'aider. Comment fait-on pour survivre ? Je lis *À ce soir* de Laure Adler, mais je suis frustrée de ne pas trouver l'après…

Je m'enferme alors dans une frénésie d'activité. Travailler, ne plus penser, contrôler chaque émotion. Être normale. Agir normalement. Et avec le temps, la douleur passe… Elle est toujours là, tapie au fond de moi, mais je la laisse de moins en moins remonter. La vie reprend son cours. À force de discipline, j'arrive à me laisser emporter par le tourbillon incessant de la vie parisienne. Je recommence à voyager deux, trois jours par semaine. Mon travail marche, je ponds des recommandations au kilomètre sans jamais m'essouffler. Et petit à petit je m'oublie moi-même.

✳ ✳ ✳

Et puis un jour, ma psy prend la parole :

« Vous savez, vous êtes dans un processus tout à fait normal de deuil. Vous êtes juste triste, souffrant de la perte de votre enfant, et ceci est tout à fait normal. »

Parfait ! J'avais l'impression quand j'ai commencé à venir voir Mlle Raton que j'étais folle, que mon esprit s'emballait et ne fonctionnait plus en régime normal. Si elle me dit au bout de six mois de séance que j'ai des réactions normales, alors l'objectif doit être atteint. Je suis guérie. Immédiatement, irrémédiablement, j'ai tellement envie de revenir dans la vie que je rate la séance suivante. Mlle Raton ne m'appelle pas. Moi non plus. J'éprouve des sentiments normaux. Je suis normale ! J'ai réussi à éviter de sombrer dans la folie… Une spécialiste de la question l'a dit ! Ma tête ne va plus exploser. Je ne vais plus sombrer, j'ai simplement appris à nager la brasse coulée.

Reprendre le travail

Un mois après avoir enterré Victoire, je tourne en rond. Il fait mauvais, le mois de novembre est froid, il pleut. La *Star Academy* me tient compagnie, je regarde même la quotidienne le midi et le soir... Les rendez-vous chez le kinésithérapeute ne suffisent pas à meubler mes journées et je n'ai pas l'esprit suffisamment serein pour me divertir vraiment, lire ou profiter de ce temps libre. Je me sens vide comme une coquille de noix cassée. Grégoire lui est en pleine période budgétaire, moment intense dans les grandes entreprises françaises où tout le monde se regarde en chiens de faïence pour savoir combien d'argent il aura la permission de dépenser l'année prochaine et comment sa prime de variable sera calculée... La disponibilité de mon cher époux est donc toute relative, ses journées de travail ne cessent de rallonger et la vie trépidante de sa compagnie lui permet d'oublier son chagrin, nos tourments et la tristesse de notre vie.

Alors bien sûr, je m'occupe avec la construction du caveau pour Victoire. Trente ans, propriétaires de notre premier appartement et aussi... d'un caveau de famille. Ce n'était pas vraiment le programme imaginé mais aujourd'hui nous y sommes, et si c'est la dernière chose que nous pouvons faire pour Victoire, nous tenons, en tout cas je tiens, à ce que ce soit bien. Juste bien. Ce qu'il faut, en honneur et en mémoire de notre fille. Mais ça ne suffit pas à m'occuper. Qu'à cela ne tienne, après tout, je suis en forme. Même si je ne suis pas totalement remise de cet accouchement dramatique sur le plan moral et physique, je ne vois pas pourquoi je m'empêcherais de travailler. Je téléphone à mon chef pour prendre rendez-vous avec lui et il me dit :

« Bien sûr, Pauline, viens quand tu veux. Ça me fera tellement plaisir de déjeuner avec toi ! »

Parfait, rendez-vous est pris pour le 14 décembre. Moi je sais très bien où je veux en venir. Je me suis renseignée auprès de la Sécurité sociale, autant j'avais droit à mon congé de maternité malgré le décès de Victoire, autant j'ai aussi le droit aujourd'hui de l'interrompre dès que je me sens suffisamment en forme pour reprendre le travail. Il suffit que j'envoie dans les quinze jours précédant ma reprise d'activité professionnelle un courrier en recommandé à mon employeur. Qu'à cela ne tienne…

Lui… Je n'aurais jamais pensé un instant qu'il serait aussi embarrassé. Le 14 décembre, date de notre rendez-vous, j'arrive au bureau et parcours lentement l'allée qui longe les bureaux en open space, dans l'ancienne usine où nous sommes installés. J'aperçois de loin ma table. Personne n'a été installé à ma place, j'en suis touchée. Fatima à l'accueil, dès qu'elle m'aperçoit, m'annonce en parlant très vite que « oui, oui, elle prévient Thomas, qui leur a dit que je venais aujourd'hui et que j'avais rendez-vous avec lui ».

Je ressors dans la cour de l'usine, surprise par la voix saccadée de notre assistante à tous qui est à l'accueil, et j'attends que Thomas arrive. Nous nous retrouvons dehors, il a déjà mis son manteau et n'a apparemment pas l'intention que je m'attarde ici. Immédiatement, j'observe le sourire crispé, les pupilles qui bougent de façon latérale… Certes il fait très froid en ce mois de décembre mais ses mains tremblent. Ma présence provoque apparemment chez lui un gros, gros malaise. Je ne m'y attendais pas du tout.

Nous nous dirigeons vers notre restaurant habituel. Avant, je déjeunais quasiment tous les jours avec Thomas. Nous alternions pavé au poivre à la brasserie et escalope au citron chez l'italien et passions des heures à continuer à discuter des dossiers, des clients, de l'organisation de l'entreprise. Aujourd'hui, ce sera pavé au poivre, nous aurons plus chaud, le chauffage de l'italien étant assez aléatoire. Dès que nous nous retrouvons sur le trottoir, la conversation reprend sur le même ton léger qu'avant, mais nous parlons de choses et d'autres, des derniers ragots de l'agence et de la gazette des aventures chez les clients…

Chemin faisant, nous arrivons à la brasserie et là, pour un premier nouveau déjeuner, je comprends que Thomas a préféré la foule et l'anonymat plutôt que l'intimité de l'italien qui n'a que dix tables. Nous nous retrouvons exactement au centre du restaurant, sous la verrière. C'est sûr que ce contexte ne va pas porter aux confidences… Thomas, rassure-toi, je n'ai pas l'intention de me répandre sur le trottoir !

Au milieu du pavé au poivre, je me lance à l'eau et lui annonce :

« Thomas, j'ai l'intention de revenir travailler début janvier. »

Il affiche soudain une mine déconfite. Le dénommé Thomas devait s'attendre à ce que je démissionne ou que je lui explique qu'après le drame que je venais de vivre, je ne me sentais plus de travailler, mais sans aucun doute pas à ce que je rentre tout de suite, dans quinze jours. Quelques secondes plus tard, après que sont successivement apparus sur son visage la surprise, l'incrédulité et enfin l'embarras, Thomas reprend la parole :

« Tu es sûre ? Pourquoi ne profites-tu pas de ton temps libre ?

— J'en ai profité. Je sors énormément, j'ai fait toutes les expos avec ma belle-mère, je fais du shopping, je vois des amis. Mais maintenant je commence à tourner en rond. Je ne peux pas rester chez moi à ne rien faire. Je suis en forme. Mon médecin me l'a dit, donc j'ai envie de retourner travailler.

— Ah bon… Mais tu sais, tu ne pourras jamais t'en remettre. Tu vas faire une dépression nerveuse et c'est tout à fait normal. Une mère ne peut pas se remettre de la mort d'un enfant… »

Une mère ne peut donc pas se remettre de la mort d'un enfant ? Encore ? ! Je m'étrangle sur place avec mon bout de viande et la sauce au poivre me brûle subitement la gorge. Un verre d'eau plus tard, je retrouve une contenance. Il reprend, regardant à droite et à gauche en évitant soigneusement mon visage :

« Je vois, quand Cléo est née cet été, si on avait dû vivre ce que tu as vécu, jamais, jamais on n'aurait pu s'en remettre. »

D'abord, lui, c'est lui, et moi, c'est moi. Ensuite justement il ne l'a pas vécu, donc il ne sait pas, le petit monsieur qui est en face de moi, que l'être humain est très endurant et survit

malgré lui à beaucoup de malheurs. Et il n'a pas le choix…
Excepté continuer à vivre ! Il ne voit pas que je suis là, vivante,
et que c'est ma fille qui est morte, pas moi ! Que puis-je donc
devenir ? Il faut que je m'enferme chez moi ? Qu'on m'enterre
avec ma fille peut-être ?

J'ai envie de hurler et pourtant, à l'instant même où il prononce
ces paroles, je m'enferme en moi-même, comme si toutes les
portes anti-incendie se refermaient de concert, bloquant tous
les couloirs. Afin de ne pas sombrer, de ne pas laisser ce
chagrin immense me submerger, je me blinde. Désormais,
tout va bien et, justement, plus Thomas m'explique que j'ai
légitimement le droit, voire même l'obligation, de faire une
dépression, plus je me barricade pour ne montrer que la face
émergée de l'iceberg. Dans un grand élan de bonté, Thomas
clôture l'échange en disant :

« Bon, puisque tu y tiens, je n'y vois aucun inconvénient. Tu
peux revenir au travail. Mais par sécurité pour l'entreprise,
sache que désormais tu seras en doublon sur tous tes dossiers. »

Je rêve éveillée. Il n'a pas compris que le fait de reprendre mon
travail était un droit. Je ne suis pas ici pour lui demander
l'autorisation mais seulement pour l'en informer à titre
cordial… Le con, l'andouille. Pour qui se prend-il ? La salle
tourne autour de moi, le bruit des conversations et des inter-
jections du service en salle résonne dans ma tête. J'ai de plus
en plus de difficultés à me concentrer sur ce qu'il dit car mon
esprit se retrouve tout chamboulé. Thomas lui-même tourne
la tête dans tous les sens pour éviter mon regard. Ses petits
yeux fixent toutes les tables derrière nous. Certes il a toujours

été plus petit que moi mais je le vois face à moi se recroque-viller encore plus sur sa chaise et son visage tout blanc disparaître quasiment dans l'encolure de son imperméable noir façon *Matrix*. La serveuse nous sauve de ce moment difficile en venant prendre la commande des desserts. Nous retrouvons un semblant de notre complicité d'antan en commandant tous les deux la même crème brûlée avec nos cafés.

Je pensais que le travail représenterait un divertissement pour moi et une source de réconfort. Je découvre que je dérange. Je découvre que cela va être une lutte de pouvoir reprendre mon travail, agir en toute autonomie, retrouver la même caution qu'avant, penser et être crue. Un abîme de doute s'ouvre devant moi. Jamais je ne me suis envisagée comme non fiable. Si, aujourd'hui, je suis là avec l'envie de recommencer à travailler, à prendre en charge des clients, c'est parce que je m'en sens capable. J'en ai assez, de rester prostrée sur mon malheur, la vie continue et j'ai envie d'en faire partie, de cette vie, de cette fourmilière quotidienne que je croise dans le métro parisien.

Les crèmes brûlées réactivent notre légendaire gourmandise à tous les deux et Thomas en profite pour changer de conversation. Notre déjeuner se termine sur notre programme mutuel pour les vacances de Noël. Quand nous nous retrouvons sur le trottoir, la douche froide que j'ai prise pendant le déjeuner m'enlève toute envie de revenir au bureau. Je quitte rapidement Thomas, affichant une mine légère, et pars à pied dans les rues de Paris. Prendre l'air me fera du bien, surtout dans le froid du mois de décembre…

* * *

Deux mois plus tard. La moutarde me monte au nez. J'ai retrouvé mon client préféré Duchapo-Basla, j'en suis à mon troisième voyage à Lille pour présenter les avancées de nos réflexions marketing et, demain, une fois de plus je dois emmener avec moi mon doublon. Rémi en l'occurrence est très gentil mais il ne sert pas à grand-chose. Le directeur de Duchapo-Basla s'inquiète de le voir là, ne souhaite absolument pas qu'il se mêle des dossiers et moi cela ne fait qu'augmenter le trac que je peux avoir à emmener ce gros client de l'agence sur de nouvelles aventures commerciales et marketing.

J'en ai marre. Je n'ai plus 5 ans et n'ai absolument pas besoin de baby-sitter. Sans réfléchir, je monte dans le bureau de notre P-DG Guillaume et lui vide mon sac dans ces termes :

« Guillaume, ça suffit. J'en ai ras le bol d'avoir Rémi qui marche dans mes pas à chaque instant. Je ne suis plus une gamine, je n'ai pas besoin que l'on me surveille et non, je ne vais pas faire de dépression nerveuse. Bref, Duchapo-Basla est inquiet de voir Rémi dans mes pattes, il ne sert à rien et il ne m'aide pas car il n'ose pas me parler, ni travailler avec moi, donc je n'ai aucune contribution de sa part. Fais quelque chose s'il te plaît. Sinon, dis-moi carrément que tu veux ma démission. »

Guillaume est surpris. Je le vois se lever derrière son bureau. Il faut dire que je n'ai même pas pris le temps de m'asseoir… Les bras ouverts, me regardant droit dans les yeux, il me demande :

« Pauline, explique-moi, je ne comprends pas quel est le problème.

— Thomas, quand je lui ai annoncé que je souhaitais rentrer au travail, a décidé que par précaution Rémi serait en doublon sur tous mes dossiers. Au cas où je ferais une dépression nerveuse et que je vous lâcherais subitement. Ça commence à devenir ridicule, il est en permanence dans mes pieds. Soit vous me laissez travailler normalement, soit je démissionne. »

Guillaume en un instant mesure la situation. Même si toutes les équipes le critiquent souvent pour sa tendance à abuser de la bouteille de whisky et du cigare, habitudes héritées du Koweït où il a servi pendant deux ans, même si justement Guillaume a un peu tendance à nous faire tous marcher à la baguette, là je vais particulièrement apprécier son sens humain et son talent pour nous diriger tous. Tout en restant dans son rôle de P-DG, Guillaume sait, par son expérience de la vie, de la guerre et sans doute de la mort, que ce que j'ai vécu est affreux. Certes. Mais il sait aussi qu'on y survit. Je le comprends à travers ses yeux, son regard franc et profond. Et il a conscience aussi que je représente la plus grosse source de marge de l'agence, au prix où sont vendues mes journées de conseil. L'agence n'a donc pas intérêt à ce que je démissionne… Il reprend la parole comme j'aime, en disant exactement les mots que j'attends.

« Ce sont des conneries tout ça, Pauline. Je n'étais pas au courant mais maintenant je le suis. Bosse, occupe-toi de tes clients et je vais m'assurer qu'on te fiche la paix. Je m'en occupe, ne te fais pas de soucis avec ça. »

Merci Guillaume. Au moins je vais pouvoir travailler…

✳ ✳ ✳

À partir de ce moment-là, les relations avec Thomas deviennent spontanément difficiles. Thomas ne comprend pas ce que je fais là. Il devient même jaloux de l'attachement que me portent mes clients, qui eux ont bien l'intention de m'aider à me sortir de ce drame. Je travaille du matin jusqu'au soir et deviens complètement accro à cette adrénaline qui consiste à produire, conseiller, faire avancer les projets, faire valider les étapes aux clients. Et ça marche ! J'ai au moins une satisfaction dans ma vie, mon travail marche.

Violette, ma voisine de bureau, la seule qui ait eu le courage, quand je suis rentrée, de partager le même bureau que moi, me suit dans mes aventures avec étonnement. Nous pondons des sites Internet au kilomètre. Bien sûr, nous parlons rarement d'autre chose que du travail. Je ne m'attarde guère le soir après ma journée de labeur. Souvent entre midi et deux, j'en profite pour aller chez le kinésithérapeute ou chez la psy. Mais nous sommes toutes les deux seules dans notre petit bureau et je suis contente tous les matins de retrouver son sourire, sa blondeur, son enthousiasme et son énergie positive. Nous abattons à nous deux la conception d'un catalogue entier de 80 000 produits et je me nourris de son énergie. Violette est comme moi, elle cherche la performance, la perfection. Je me noie dans le travail, nous déclinons à l'infini notre catalogue et le printemps succède enfin à l'hiver.

Les clients sont gentils et justes. Je travaille quasiment à temps complet pour Duchapo-Basla et, chaque fois que je me rends dans leur province reculée, je suis accueillie avec la plus grande gentillesse par toutes les équipes. Là non plus nous ne parlons jamais de ma vie privée, ni de Victoire. En revanche, leurs sourires, leur gentillesse et leur confiance dans mon travail me nourrissent chaque semaine.

✱ ✱ ✱

Fin avril, ma récompense vient toute seule : une preuve de confiance et de reconnaissance énorme à mes yeux. L'entreprise dans l'éclatement de la bulle Internet va mal. Nos actionnaires hollandais nous lâchent. Guillaume et la directrice financière voient arriver à grands pas le dépôt de bilan. Un soir, Guillaume vient me voir et me demande de me présenter aux élections du comité d'entreprise. Mes collègues sont tellement apeurés par la situation que plus personne ne veut prendre en charge la représentation du personnel. Guillaume a besoin d'un interlocuteur fiable et efficace au CE. Je lui dis « d'accord ». Il y a quelques mois, il m'a permis de retrouver une vie professionnelle normale, autonome et indépendante. C'est bien la moindre des choses que je lui renvoie l'ascenseur et qu'à mon tour je l'aide à négocier un tournant difficile. Jamais nous ne parlons de ma vie privée. Celle-ci est justement ma vie privée, de la même façon qu'il évoque à peine la sienne au cours des nombreux jours que nous passerons ensemble entre le tribunal de commerce, les réunions chez l'administrateur de biens et les rencontres avec les éventuels repreneurs. Sans parler des expéditions en binôme que nous menons pour rassurer les clients. En revanche, nous partageons ensemble cette aventure humaine où il s'agit de nous donner mutuellement du courage et de nous motiver pour sauver le maximum d'emplois… si c'est encore possible.

Le jour où l'entreprise est mise en liquidation judiciaire, le jeudi 5 juin, il fait beau. Guillaume et moi prenons un café à la Brasserie du Palais avant de nous rendre à l'audience. Besoin de rassembler notre courage, de trouver l'énergie de pénétrer dans ces lieux si impressionnants pour l'intérêt général. Là, il n'y a plus de deuil, plus de tabous, plus de P-DG et de secrétaire du comité d'entreprise, nous ne sommes que deux individus, représentant toute la société. La vie continue avec ses hauts et ses bas. Ça me fait tout bizarre en fin de compte d'être là avec lui, normalement, alors que je me serais plutôt attendue à être mise à l'index et non chargée de missions aussi importantes pour l'intérêt de tous. Le soir en rentrant à la maison, j'apprends que je suis enceinte. Ironie et synchronicité. L'entreprise qui m'a malgré tout permis de redémarrer ma vie meurt le jour où à nouveau la vie redémarre en moi.

Un bel anniversaire

Justine et Alix se pressent contre moi dans l'automne humide de ce mois d'octobre. Il est très tôt mais nous marchons rapidement le long du trottoir car une messe nous attend. La messe de Victoire pour son anniversaire. Eh oui, dix ans après, j'ai enfin eu le courage de dire aux petites quelle était la date d'anniversaire de leur sœur. Justine me poursuivait de ses questions depuis quelques mois déjà. Avais-je eu raison de ne rien leur cacher, de laisser aux yeux de tous, dans nos maisons successives, une ou deux photos de Victoire ? Les questions de Justine sur sa sœur aînée me poussent dans mes retranchements. Et curieusement, Alix ne m'en pose pas. J'ai tellement de mal à leur parler de cette période, de leur sœur qui nous avait été donnée et retirée aussi vite. Trouver les mots face à des enfants qui ne demandent qu'à comprendre devient rapidement l'entreprise la plus ardue.

Mes filles ne souhaitent que des réponses logiques à leurs questions d'enfants mais moi je me retrouve assaillie par ma peine, ma douleur, mes souvenirs qui subitement remontent à la surface en m'asphyxiant par leur violence et en me rendant muette, sans aucun mot pour partager ces moments du passé avec mes enfants. D'un côté, je n'ai jamais souhaité que le décès de leur sœur aînée devienne tabou au sein de notre famille. Et d'un autre côté, je regrette souvent aujourd'hui de devoir faire face à leur curiosité, à leur besoin de savoir, de comprendre. Comment trouver les mots pour leur expliquer sans les choquer ? Comment partager ce deuil avec elles sans leur enlever leur innocence ? Comment leur faire comprendre que cette absence qui leur pèse est en fin de compte une bonne chose ? Heureusement que la phrase « vous comprendrez quand vous serez plus grandes » est toujours aussi efficace. De même, je me suis retrouvée à fixer des échéances :

« Maman, de quoi elle est morte, Victoire ?

— Je vous expliquerai pourquoi elle est morte quand vous aurez 16 ans. »

Une façon d'acheter la paix familiale, de leur donner une réponse adaptée à leur enfance que je souhaite préserver et aussi à ma fragilité de mère qui n'a pas du tout envie de replonger dans les abîmes du deuil et de la perte.

Dans la candeur de leurs jeunes années, Justine et Alix voudraient fêter l'anniversaire de leur sœur, bien sûr, comme on fête chaque année leurs anniversaires respectifs. Leur proposition me gêne. Comment faire comprendre à des enfants de 5 et 7 ans que non, on ne fête pas forcément l'anniversaire d'une petite fille qui est morte ? Un des médecins qui m'accompagne me permet de trouver les mots justes, tout simplement en leur expliquant la peine qui m'habite toujours et qui fait que non, je n'ai pas envie que l'on fête cet anniversaire avec des bougies et des cadeaux, encore moins des déguisements de princesse.

« Ça me rend triste, Justine, de penser à l'anniversaire de Victoire.

— Pourquoi, maman ?

— Parce que cela me rappelle le jour où elle est née et je suis triste aujourd'hui qu'elle ne soit plus là. »

Je n'ai effectivement pas du tout envie de fêter un pareil anniversaire… Même si je garde un souvenir merveilleux de ma grossesse, je n'ai pas envie de me rappeler ce jour malheureux où Victoire est née et où déjà sa mort était inscrite, programmée par la main de Dieu. Et puis je crois que c'est une façon pour moi de ne pas me rendre compte du temps qui passe. Dix ans déjà… Une façon de garder au fond de mon cœur le souvenir de Victoire éternel, Victoire bébé avec son petit doigt enroulé autour de mon index.

Pourquoi les filles n'interrogent-elles pas Grégoire ? Ah bien sûr, mon mari, mon cher mari, n'est guère présent, toujours entre son travail et quelques activités du week-end. Et puis Grégoire, lui, a trouvé le bon plan :

« Non, les filles, je ne souhaite pas parler de Victoire avec vous. Ça me rend triste, vous comprenez ? »

Facile, la fuite…

Les emmener au cimetière ? Non plus, même si Vivi est enterrée dans le plus bel endroit de la terre à mes yeux, je n'ai aucune envie que ce jour maudit de fin octobre devienne un pèlerinage obligé dans le Sud. Je préfère qu'on aille au cimetière de façon spontanée, en passant à toute autre occasion, quand il fait beau, que les bougainvillées et les lauriers-roses ornent tous les jardins et que le bleu de la Méditerranée illumine nos yeux comme nos cœurs. Qui plus est, la fin octobre est la saison de la Toussaint et je déteste profondément les chrysanthèmes.

Non, sur la tombe de Victoire nous ne portons que des fleurs fraîches, coupées, et les plus odorantes possible. Chaque visite au cimetière se transforme en procession dont le rituel immuable se répète chaque année. Chaque année, nous allons chez le fleuriste et chacune des filles choisit le plus beau bouquet de fleurs coupées qu'elle souhaite. Des couleurs vives, de jolies roses, de beaux bouquets ronds. Ensuite, j'explique discrètement au fleuriste qu'il nous faudrait un vase qui tienne tout seul sur une tombe et nous repartons avec nos deux beaux bouquets ronds vers le troisième étage du cimetière. Une fois arrivée sur la tombe, chaque fille parle comme elle le souhaite, m'aide à nettoyer, à balayer, à arroser les camélias que nous avons plantés le jour de l'enterrement. Et puis dépose son propre bouquet en adressant à haute voix une prière à sa sœur. Je ne veux pas que nos visites au cimetière deviennent un rituel de Toussaint. Je ne veux pas voir sur la tombe de Victoire d'horribles chrysanthèmes à têtes jaunes. Je préfère y laisser un air de vacances, où l'air sent bon la résine des pins parasols et où le silence est troublé par le chant des grillons.

✳ ✳ ✳

Justine manifeste particulièrement un « syndrome anniversaire ». Tous les mois d'octobre depuis qu'elle est née sont particulièrement tendus. Peut-être est-ce moi qui suis à bout de nerfs, peut-être est-ce elle qui sent que cette période est spécialement lourde de sens pour moi. Toujours est-il que, pile durant le mois d'octobre, Justine manifeste des troubles tels qu'insomnies, problèmes à l'école, crises de larmes inexpliquées… Lorsque j'en parle avec son pédiatre, et que j'évoque cette curieuse répétition où, chaque année, le mois d'octobre est difficile à passer, il me dit avec douceur :

« Peut-être devriez-vous lui dire…

— Quoi, docteur ?

— Que sa sœur est née au mois d'octobre.

— Pourquoi ?

— Justine était dans votre ventre lors du premier anniversaire de la mort de Victoire. Elle a dû vivre avec vous toutes vos émotions et elle se souvient peut-être de votre tristesse qui est tout à fait normale en cette période… »

Je n'ai pas du tout cherché à provoquer la discussion mais comme par hasard, au début du mois d'octobre, Justine recommence à m'entreprendre sur sa sœur aînée, sa sœur qui lui manque, sa sœur qu'elle ne verra jamais… Et la question fuse :

« Maman, pourquoi tu ne veux pas nous dire quand est-ce qu'elle est née ? On fête bien l'anniversaire d'Alix et le mien. Pourquoi on ne fête pas celui de Victoire ? »

Aïe, aïe, aïe… Bien entendu, je me retrouve toute seule avec les deux filles à ce moment-là et ne peux que rendre compte le soir à Grégoire :

« Bon, les filles ont voulu savoir quand est-ce que Victoire était née.

— Et alors ? Que leur as-tu dit ?

— La vérité, qu'elle était née le 20 octobre.

— Et ?

— Et je leur ai dit qu'il était hors de question de faire un anniversaire avec un gâteau et des bougies.

— Ah bon ?

— Oui, que moi ça me rendait malheureuse.

— Et moi, tu ne leur as pas dit que moi aussi, ça me rendait malheureux ?

— Écoute, tu n'étais pas là... »

Je regrette profondément que les filles ne me parlent que lorsque leur père est absent mais je n'y peux rien. Je suis assez contente déjà d'avoir réussi à ouvrir ces espaces « où l'on parle » et « où l'on se dit tout », assez rassurée de savoir à peu près ce qui leur trotte dans la tête. Je ne sais pas pourquoi elles associent leur père au jeu, au week-end, au sport et moi aux sentiments et aux choses graves de la vie... Peut-être est-ce le miroir qu'elles me renvoient ? Cela signifie-t-il que je doive me mettre au sport ? !

✳ ✳ ✳

Un matin, en les amenant à l'école, j'ai l'idée, en passant devant la chapelle de leur école, de demander à l'aumônier du primaire de dire une messe le jour de l'anniversaire de Victoire. Par chance, l'abbé Guillaume, présent dans son bureau, me reçoit aussitôt. Sa compréhension immédiate de ma problématique me surprend. Décidément, les curés me surprendront encore longtemps. Chaque matin à 7 h 50, il dit une messe à la chapelle de l'école pour tous les enfants, écoliers, collégiens et lycéens. Il nous invite le jour dit à nous joindre à la messe du matin qui sera dite en mémoire de Victoire. Une messe en action de grâce… Rendez-vous est pris. Cette année, ce sera un jeudi matin.

J'explique à Grégoire, qui me rejoint dans la nécessité de marquer le coup pour répondre aux demandes de nos filles, tout en restant dans une démarche respectueuse qui corresponde à notre deuil. La religion m'apparaît une bonne solution en fin de compte pour se souvenir et partager en famille ce moment si spécial dans nos cœurs, bien que je ne nous pense pas grenouilles de bénitier pour autant. Grégoire se libère de son agenda de ministre pour être avec nous ce matin-là et nous accompagner.

Déjà, nous ne sommes pas très douées toutes les trois pour arriver à l'heure à l'école. Chaque matin est une course contre la montre, où souvent ma douche et mon maquillage sont écourtés au profit d'un câlin supplémentaire, d'un sac de sport oublié ou bien d'une chevelure trop bouclée dont il faut défaire les traîtres nœuds. Donc, chaque matin, c'est la course.

Ce matin-là, malgré toutes nos bonnes résolutions, nous sommes en retard. Sept heures cinquante, c'est décidément bien tôt pour mes petites filles. Grégoire est là mais pourtant Justine et Alix ne veulent donner leurs mains qu'à moi. Comme si elles sentaient que c'était une affaire de filles et que j'avais besoin de leur soutien dans ma tristesse. Pourquoi éloignent-elles ainsi

145

leur père ? Lui aussi en a soupé de la mort de Victoire, il ne mérite pas cette mise à l'écart. À moins qu'une appréhension secrète ne les habite dans cette nouvelle expérience, une messe en action de grâce à la mémoire de leur sœur aînée. Nous nous pressons sur le trottoir et finissons par pousser la lourde porte de l'école, puis de l'église. La messe a déjà commencé. Nous nous glissons discrètement dans les derniers rangs de la chapelle.

La messe et le recueillement qui l'accompagne me permettent de me poser après ce début de journée effréné. Aujourd'hui, cela fait dix ans que Victoire est morte. Et j'ai enfin trouvé le courage de le dire à mes filles. Oui, c'est en octobre que Victoire est née. Oui, les filles, elle est née le 20 octobre. Il m'a fallu longtemps pour partager ça avec vous, mes trésors. Pourtant vous avez toujours su que vous aviez eu une grande sœur. Je ne voulais pas de secret de famille. Le passage de Victoire sur terre a été trop douloureux, trop intense pour en faire peser la lourde charge sur vos épaules. Aujourd'hui, pourtant, je me sens moins sûre de moi, gênée de me retrouver face à mes filles dans un moment intense émotionnellement.

Les filles sont sagement assises entre nous deux. Je n'ose les regarder de peur de mesurer leurs réactions, de partager leurs sentiments. Peut-être suis-je ridicule. Peut-être était-ce ridicule d'organiser cette messe en célébration de l'anniversaire de Victoire. Mais je ne pouvais pas résister à l'idée joyeuse de Justine, qui souhaitait il y a quelques semaines organiser l'anniversaire de sa sœur aînée qui est au ciel en faisant un gâteau avec des bougies et pourquoi pas un goûter déguisé avec ses copines. L'abbé Guillaume poursuit sa messe et la dédie à Victoire. Les filles semblent comprendre que toute notre famille est, en ce matin-là, le centre de l'attention et n'en sont que plus sages.

Et alors que cela fait dix ans que chaque fin de mois d'octobre, j'appréhende ces jours fatidiques, ce matin-là, cette messe du matin, cette messe express d'une demi-heure suffit à apaiser toute la famille. Pour la première fois, nous célébrons l'anniversaire de Victoire. Alors que, depuis dix ans, je me sens seule avec mon deuil, attendant un signe amical de quiconque, n'osant en parler moi-même, guettant qui m'appellera ou bien me dira un mot gentil en souvenir, ce matin-là, enfin, nous partageons ce moment en famille. Et la voix de l'abbé Guillaume suffit à apaiser ma douleur. Le silence et le recueillement qui habitent cette petite chapelle me réchauffent le cœur à eux tout seuls. La prière et le recueillement des enfants des autres classes présents aussi. Personne ne nous connaît et pourtant tout le monde prie pour notre petite fille. Victoire, protège-nous. Victoire, veille sur nous et sur tes sœurs.

La messe est courte et s'achève. Bien que, pour ma part, j'eusse trouvé encore plus de réconfort dans quelques minutes de prière supplémentaire, juste pour avoir le temps de me souvenir plus longtemps, je sens que c'est assez pour mes deux petites chéries. L'émotion de cette assemblée au petit matin doit les étreindre trop fort, aussi fort qu'elles broient toutes les deux mes mains. Et le fait d'avoir entendu l'abbé Guillaume répéter au moins dix fois le prénom de Victoire semble suffire à les convaincre que oui, leur sœur a bien existé, et que oui, c'est bien le jour de son anniversaire.

La sonnerie retentit. Nous avons à peine le temps de remercier l'abbé Guillaume que mes chéries s'envolent comme des moineaux vers leur cour de récréation retrouver leurs amis et leurs rangs pour rejoindre leur classe. Alix comme Justine tournaient depuis des semaines autour de cet anniversaire, et voilà, une messe leur aura suffi. Comme si le fait d'aller tous ensemble à la messe les avait convaincues que oui, Victoire avait bien existé. Que oui, Victoire nous manquait. Et que oui, sa perte était toujours une douleur intense au fond de nos cœurs… Sainte Victoire, priez pour nous… Alix et Justine ne m'en reparleront d'ailleurs jamais… Enfin, attendons l'année prochaine.

Envolez-vous, mes chéries, je vous aime. Toutes les trois.

✳ ✳ ✳

En fin de compte, se remet-on de la mort d'un enfant ? Moi qui ai tellement hurlé intérieurement, chaque fois que j'ai entendu quelqu'un me dire « de toute façon, on ne se remet jamais de la mort d'un enfant », aujourd'hui, j'ai envie de dire, de crier, de hurler : « Oui, vous avez raison ! Bravo ! Vous avez gagné ! »

Je ne crois pas que l'on se remette de la mort d'un enfant. La blessure reste intense, enfouie sous le poids des années. En revanche, la seule solution pour les survivants est d'apprendre à vivre avec. Choquée et révoltée par cette phrase définitive que tant de personnes dans notre entourage nous assénaient, j'ai passé des années à vouloir démontrer à la terre entière que j'allais parfaitement bien. Même mieux que tout le monde. Que oui, j'avais droit au bonheur moi aussi, que non, ma vie n'était pas à jamais marquée par ce jour terrible où Victoire s'est endormie dans mes bras pour l'éternité.

Aujourd'hui, dix ans plus tard, je comprends que cette lutte acharnée n'a été qu'une fuite. Une fuite pour contourner la douleur, l'apprivoiser et apprendre à vivre avec. Oui, c'est un malheur incommensurable d'être confronté à l'indicible, à l'absurdité de la vie d'un enfant qui naît au monde et qui en est retiré immédiatement. Et aujourd'hui, j'accueille enfin ma douleur, ma perte en étant capable de la regarder en face.

La douleur reste là, profondément cachée, toujours aussi intense, même si les années qui passent lui permettent de revenir moins souvent. La blessure devient intime, on ne le dit plus qu'aux gens proches qu'on a envie d'introduire dans notre intimité. Même si, depuis la mort de Victoire, nous avons connu de grands bonheurs, le bonheur de nous aimer, le bonheur de voir nos autres filles naître et grandir à leur tour, la balance reste déséquilibrée. Les malheurs font plus mal que tous les bonheurs réunis… Je comprends mieux pourquoi il faut apprendre à savourer pleinement tous les bonheurs qui nous sont offerts. Et je comprends mieux aussi les différentes façons que les individus choisissent pour réagir face à la mort. À chacun sa façon de survivre.

Grégoire ne me parle presque plus de Victoire. Avec les années, nous nous sommes éloignés aussi, y compris dans la perte de notre fille. Et le fait de ne plus en parler rend ma solitude de mère plus accrue encore. Suis-je la seule à me souvenir ? Je comprends alors que mes filles, en souhaitant fêter l'anniversaire de leur sœur, ont voulu me rejoindre dans mon deuil, partager avec moi la perte de cette petite fille, et mon cœur s'en retrouve soulagé.

Si les photos de Victoire continuent à m'accompagner au quotidien, captant un de mes regards chaque matin sur ma table de nuit, je m'appesantis rarement sur ces moments-là. De la même façon, je vais rarement au cimetière plus d'une fois par an, jamais à la même date, même si chaque fois je retrouve avec douceur l'endroit où repose pour l'éternité le petit corps chéri de ma fille aînée.

De même, je ne sais plus si le paradis existe. À l'époque, cette idée m'avait soutenue avec force. Je sentais Victoire avec moi, à côté de moi, au fond de moi. Aujourd'hui, je sens effectivement l'âme de Victoire en moi, tout au fond de mon cœur, et parfois, je regrette, entraînée dans le tourbillon de la vie, des petites choses de tous les jours, de ne plus avoir assez de temps pour moi, pour me souvenir, pour retrouver les instants passés avec ma fille et le sentiment de communion qui nous réunissait lors de ces longues journées à l'hôpital où je la berçais en lui chantant *Douce Nuit*.

Ce que je sais, c'est que la vie est belle. Et que chaque cadeau qu'elle nous offre vaut la peine d'être mesuré, savouré et apprécié à sa juste valeur. Justine et Alix m'emportent dans le tourbillon de la vie et me poussent à vivre, à être leur maman à toutes les trois, comme elles aiment me l'entendre dire et me le rappeler, à chaque fois que j'omets l'existence de leur sœur aînée.

Victoire, souvent, j'ai allumé pour toi un cierge, aux pieds des statues de la Vierge que je croisais, afin que cette petite lumière soit une parole vers toi et que, de ton très haut, tu veilles sur nous, ton papa, ta maman et tes petites sœurs. Je te dédie ce livre, ma chérie.

Sommaire